MAÇONARIA SIMBÓLICA

Raul Silva

MAÇONARIA SIMBÓLICA

Guia prático, útil e instrutivo, dedicado a todos os irmãos maçons

Explicação esotérica (oculta) e exotérica (revelada) dos símbolos, emblemas, sinais, alegorias e tradições maçônicas

BIBLIOTECA MAÇÔNICA PENSAMENTO

Editora Pensamento
SÃO PAULO

14ª edição 2010.
2ª reimpressão 2016.

Capa: Rosana Martinelli

Projeto gráfico e diagramação: Verba Editorial

Revisão de texto: Rodrigo Puelles e Adriana Moretto de Oliveira

Dados Internacionais de Catalogação na Publicação (CIP)
(Câmara Brasileira do Livro, SP, Brasil)

Silva, Raul
Maçonaria simbólica : guia prático, útil e instrutivo, dedicado a todos os irmãos maçons / Raul Silva. — 14. ed. — São Paulo : Pensamento, 2010. — (Coleção Biblioteca Maçônica Pensamento)

"Explicação esotérica (oculta) e exotérica (revelada) dos símbolos, emblemas, sinais, alegorias e tradições maçônicas."
ISBN 978-85-315-0386-3

1. Maçonaria 2. Maçonaria — Rituais
3. Maçonaria — Simbolismo I. Título II. Série.

10-09973 CDD - 366.12

Índice para catálogo sistemático:
1. Maçonaria : Simbolismo : Rituais :
Sociedades secretas 366.12

Direitos de tradução para a língua portuguesa
adquiridos com exclusividade pela
EDITORA PENSAMENTO-CULTRIX LTDA.
Rua Dr. Mário Vicente, 368 - 04270-000 - São Paulo, SP
Fone: (11) 2066-9000 - Fax: (11) 2066-9008
E-mail: atendimento@editorapensamento.com.br
http://www.editorapensamento.com.br
que se reserva a propriedade literária da tradução.
Foi feito o depósito legal.

Sumário

À GL∴ DO GR∴ ARQU∴ DO UNIV∴

S∴ F∴ U∴

MAÇONARIA SIMBÓLICA

Introdução

Há muito já que se fazia sentir, entre os maçons deste hemisfério americano, a necessidade de um trabalho que contivesse, ainda que em linhas gerais, instruções sobre a simbologia, os sinais, as alegorias, os emblemas e as tradições maçônicas, servindo ao mesmo tempo de guia prático a todo maçom que desejasse possuir mais completos conhecimentos da simbologia maçônica.

É este, pois, o intuito do presente livro.

Não satisfará, talvez, tão cabalmente como seria para desejar, o fim a que se destina esta obra, se considerarmos a vastidão e a complexidade do assunto; mas se tivermos em vista que a maior preocupação do autor foi compilar apenas um guia prático e pronto a qualquer que o possua, para consulta e conhecimento de simbologia da nossa Subl∴ Inst∴, serão, certamente, relevadas as lacunas que, porventura, possa o presente trabalho oferecer.

O autor não tem também a pretensão de apresentar nenhuma originalidade no seu livro, porquanto, tudo o que ele contém não será novidade para os que conhecem o assunto; é somente um trabalho mais de coordenação do que mesmo de lavra própria.

A maior dificuldade a vencer foi a de encontrar, selecionar e compendiar sobre a matéria tudo quanto se acha esparso na amplíssima bibliografia maçônica; e isso em diversas línguas.

Esse o maior esforço.

Foi, igualmente, resolvido adotar-se o sistema de diálogo e foram divididas as diferentes partes do trabalho em seções, não só para maior facilidade de compreensão e consulta, como também porque, em sua maioria, os leitores devem estar habituados a esse sistema, que é o usual nos nossos rituais.

Aí está, portanto, o nosso modesto trabalho, que representa o resultado de muitos anos de estudos, empregados em pacientes pesquisas através do muito que se tem escrito sobre a Maçonaria em geral e, em particular, sobre o assunto que constitui a razão de ser desta obra.

Satisfará aos nossos CCar∴ IIr∴?

O futuro responderá na conformidade da aceitação que conseguir o presente livro.

No mais: — Saúde, paz e prosperidade.

Preâmbulo

Instituição essencialmente filantrópica, filosófica e progressista, tem a Maçonaria brasileira por objetivo o aperfeiçoamento material, moral e intelectual da humanidade, por meio da investigação constante da verdade científica, do culto inflexível da moral e da prática desinteressada da solidariedade.

Considerando o trabalho, seja manual ou intelectual, como principal dever de todos os homens, que só por eles se dignificam, a Maçonaria mantém a divisa — Liberdade, Igualdade e Fraternidade — sustentando como seu princípio cardeal a mais completa liberdade de consciência, pela prática inflexível da tolerância que se traduz pelo respeito à razão e às convicções individuais de cada um.

Ela estende e liberaliza em geral a todos os homens os laços que ligam entre si os maçons, e, reconhecendo a estes o direito de manifestar sua opinião sobre questões maçônicas de ordem geral, recomenda-lhes, como rigoroso dever, a propaganda pela palavra e pelo exemplo, proscrevendo terminante e sistematicamente o recurso à força e à violência.

Todos os maçons consideram-se entre si iguais e irmãos, só havendo entre eles as diferenças que decorrem da prática da virtude e da prestação de serviços à Ordem, que determinam a distinção de graus, significativos de honras e acarretando assim maior responsabilidade correlativa.

Como irmãos, devem-se os maçons mútuo auxílio e socorro, com o risco mesmo de quaisquer perigos e da própria vida.

(Da Constituição Maçônica no Brasil)

Considerações gerais

Meu querido irmão.

Quando vossos olhos se abriram para a verdadeira luz, uma infinidade de objetos novos para o vosso entendimento, atraíram a vossa atenção.

As diversas circunstâncias que rodearam a vossa recepção, as provas a que fostes submetido, as viagens que vos fizeram efetuar e os adornos do Templo em que vos encontrastes, tudo isso reunido deveria ter excitado a vossa curiosidade e, justamente para satisfazê-la, se é que ainda não se acha satisfeita, é que ides ler este livro.

A Maçonaria, cuja origem se perde na noite dos tempos, teve sempre por especial escopo agremiar todos os homens de boa vontade que, convencidos da necessidade de render sincero culto à virtude, procuram os meios de propagar o que a doce e sã moral nos ensina.

Ora, como esses homens desejam trabalhar nessa obra meritória, com toda tranquilidade, calma e recolhimento, reúnem-se para isso nos Templos maçônicos.

Com o intuito de se segregarem dos profanos aos

fins maçônicos, profanos esses cuja cegueira, ignorância e vícios necessariamente embaraçariam os trabalhos dos maçons, estes rodearam-se de mistérios, emblemas, símbolos e sinais, cujos sentidos escapam aos que não foram admitidos na Sublime Ordem Maçônica.

Os verdadeiros maçons trazem constantemente na sua memória, não somente as formas gráficas dos símbolos maçônicos, como, e muito principalmente, as grandes verdades morais e científicas que os mesmos representam.

Com esta obra e pela sua leitura continuada, podeis ter a revelação de todos os misteriosos emblemas da Maçonaria e, com exatidão, zelo e perseverança, podereis também, um dia, conhecer aqueles que ainda me não é permitido revelar aqui.

O conjunto do quadro que uma Loja maçônica vos oferece, com os seus adornos, alfaias, colunas, altares, emblemas etc., representa o Templo de Salomão.

Não ignorais que aquela obra-prima de arte, aquela maravilha do mundo, foi sempre considerada como o monumento mais perfeito; e é sobre esse maravilhoso modelo que os maçons erguem o Templo da virtude.

Para nos tornarmos dignos desse extraordinário edifício, não devemos somente dispensar os cuidados e precauções que o mesmo merece, mas trabalhar com todo zelo e ardor, esforçando-nos por alcançar a maior perfeição, que é o único meio de conseguirmos nossos intentos.

Os obstáculos e dificuldades que encontrastes nas viagens realizadas durante a vossa iniciação, anunciam que nada conseguireis sem dificuldades e tropeços; porém, assim como vencestes todos aqueles obstáculos, do mesmo modo, com esforço e perseverança, vencereis todos os estorvos, aproximando-vos do ponto concêntrico, que é onde se acha colocado o princípio de toda a perfeição.

O Venerável Mestre, conferindo-vos o grau de aprendiz maçom que bem merecestes por terdes suportado com valor e resignação as provas necessárias à vossa recepção na Maçonaria, deu-vos logo a conhecer a coluna B., que encontrastes no Norte; esse é o ponto de reunião de todos os aprendizes maçons. As romãs, que encimam o capitel dessa coluna e cujas inumeráveis sementes pudestes ver, designam claramente a fecundidade da natureza. Sustentado por essas romãs, encontra-se o globo; quer dizer também que a Maçonaria, representada pela coluna, ampara as romãs que são as raças humanas; dentro destas, as sementes representam a família e estas reunidas formam o mundo.

Ainda não vos é permitido, neste momento, subir os cinco degraus do mosaico maçônico; acreditamos, porém, que o vosso zelo e a vossa dedicação pelo trabalho vos levarão, em breve, até o Oriente.

O ternário sublime da Maçonaria deve estar sempre presente na vossa imaginação, assim como os diversos emblemas devem ocupar constantemente o espírito do verdadeiro maçom.

Três são as colunas imóveis que sustentam todo o edifício maçônico, significando as três poderosas forças da natureza — sabedoria, força e beleza.

As três luzes do Templo; as três perguntas que respondestes na câmara das reflexões são — a divindade, a natureza e o homem.

Enfim, as três pancadas dadas com o malhete para que se vos abrissem as portas do Templo significam: — Buscai e dar-se-vos-á.

Eis aí, pois, uma parte dessa mina inesgotável e fecunda, que os números sagrados encerram em sua sublime simbologia.

Deveis, agora, examinar e aprofundar os segredos da vida; e os misteriosos arcanos vos serão desvendados.

Este trabalho indica-vos que, semelhante à pedra bruta, na qual vos fizeram dar os três primeiros passos, nada conseguireis, enquanto não estiver polida e com a forma que deve ter.

Certamente também observastes, no alto do Templo, os dois astros que iluminam o planeta que habitamos; um com a sua luz própria e outro por ação reflexa; isto significa que o maçom jamais está mergulhado nas trevas, devendo ter sempre os olhos fixos no Grande Arquiteto do Universo. Este é o seu guia e para Ele deve dirigir constantemente o olhar.

Esses focos resplandecentes são os mais belos exemplos que todo maçom deve seguir.

Desde que a verdade de seus raios benéficos nos penetra, façamos de modo que as nossas almas, à semelhança do astro da noite, reflitam sobre nossos irmãos que ainda se conservam em trevas, uma grande quantidade dos raios luminosos que nós mesmos já recebemos.

Para tal fim, é mister que a doce amizade nos una, que a igualdade, representada pelo nível, seja uma das grandes verdades ensinadas nos Templos maçônicos.

A Maçonaria nivela todos os irmãos entre si, pois somos todos considerados filhos da mesma mãe, quer dizer, filhos da natureza fecunda e formidável.

Os maçons não reconhecem nenhuma das distinções profanas, que somente ensoberbecem os fátuos, os ignorantes, e que se não podem decorar com as próprias virtudes.

Em última análise, se desejardes encontrar almas grandes, procurai os mais virtuosos maçons.

O compasso, que é o emblema da precisão e da exatidão, prescreve aos verdadeiros maçons — com o círculo que traça — nada empreender que não seja justo, senão depois de ter refletido maduramente o seu projeto, examinando-o desde a superfície até o centro, para ficar seguro do êxito de sua empresa.

A cadeia dentada, que remata o quadro da Loja, é o emblema dos vínculos que devem estreitar fortemente todos os maçons espalhados na superfície da terra, dirigindo-os no mesmo rumo.

Examinai a perpendicular e aprendereis claramente que o ponto de sua origem indicará que tudo nos vem do alto.

Eis a base da nossa Sublime Ordem, mas tudo restará sem efeito se não tivermos muita indulgência para com o próximo.

Assim, todos nós, fazendo uso do manto de pura solidariedade fraternal, ocultando os defeitos de nossos infelizes irmãos que deslustram o recinto sagrado do Templo, conseguiremos, desta forma, purificar os nossos corações, a fim de que, quando chegar o dia da dissolução do homem mortal, possa o ser imortal desfazer-se, sem esforço, de seus despojos terrestres para unir-se puro e sem mancha, ao primeiro princípio donde dimana.

Até lá, porém, elevemos os nossos corações, com tranquilo fervor e serena esperança, à Divindade Suprema e repitamos continuamente:

À Gl∴ do Gr∴ Arqu∴ do Univ∴.

Primeira parte

A Maçonaria, na acepção própria da palavra, é uma arte fundada sobre os princípios da geometria, orientada para a utilidade e conveniência do gênero humano. Mas a Franco-Maçonaria abrange um maior horizonte e tem em vista um objetivo mais nobre e elevado qual seja, o cultivo da inteligência e melhoramento moral das raças humanas.

Assim, pois, a Maçonaria pode ser denominada, com toda propriedade, UMA CIÊNCIA.

Os seus conhecimentos, em sua maior parte, acham-se velados por meio de alegorias e ilustrados por símbolos, e de tal maneira que, desvendados os seus arcanos mais secretos, revelam os princípios e máximas superiores da moral mais pura.

Ao descerrar esse véu, ou mais propriamente falando, ao penetrar nas profundezas de seus mistérios, o maçom integra-se totalmente na soberana natureza e, dedicando-se com atenção ao estudo desses mistérios, conseguirá um conhecimento exato de todos os emblemas, alegorias e símbolos que a arte real encerra, assim como sua aplicação maçônica.

Para melhor compreensão, ir-se-ão desvendando gradativamente estes conhecimentos, nos quais se encontrará a virtude fotografada com as suas mais belas cores, assim como a sã moral, rigorosamente aplicada.

Assim, pois, preparado o espírito do verdadeiro maçom para perceber a ciência e o caráter, os atributos e a perfeição do Grande Arquiteto do Universo, ele saberá dar, na medida justa, desempenho aos seus deveres na vida social.

Empreendamos, pois, como bons caminheiros, a nossa nobre jornada através das inesgotáveis belezas da Universal e Sublime Ordem Maçônica:

— Como nos encontramos pela primeira vez?

— Sobre a esquadria.

— Como esperamos nos separar?

— Sobre o nível.

— Por que nos encontramos e nos separamos por esse modo singular?

— Como maçons, devemos agir sobre a esquadria, para poder separar-nos de todo o gênero humano, cujo nível não esteja de acordo com a sabedoria, a força e a beleza, as três colunas básicas da Maçonaria.

— Donde vindes?

— Do Ocidente.

— Para onde dirigis os vossos passos?

— Para o Oriente.

— Que é que vos induz a deixar o Ocidente, dirigindo-vos ao Oriente?

— Vou em busca de um sábio mestre, que queira instruir-me.

— Quem sois e por que necessitais instruir-vos?

— Um maçom livre e de bons costumes.

— Que espécie de homem deve ser um mestre?

— Um homem livre, irmão dos reis e dos pastores, se são maçons e virtuosos.

— E por que é livre um mestre?

— Contam que Sara, mulher de Abraão, observando que Ismael, filho de Agar, gostava de insinuar o mal ao seu filho Jacó, advertiu com espírito profético a seu esposo, dizendo-lhe: "Despede essa escrava e seu filho, porque estes não podem habitar com os livres nem com meu filho Jacó, pois que, se os meninos se criarem juntos, Ismael imbuirá a Jacó seus instintos perversos e isso será prejudicial à raça dos homens livres".

— Por que deve existir a igualdade entre os maçons?

— Porque, filhos da natureza fecunda, somos todos iguais; igualdade que se vivifica e fortalece com os nossos solenes juramentos e que é representada pelo nível.

— Maçonicamente falando, donde vindes?

— De uma respeitável Loja de irmãos.

— Que encargo vos deram?

— O de vos saudar e felicitar.

— Trazeis alguma outra incumbência?

— Sim, a de saudar também a todos os meus irmãos.

— Suponhamos que ficásseis entre nós; que pretendíeis fazer?

— Regular e vencer as minhas paixões, alcançando novos progressos na Arte-Real.

— Vejo, pelas vossas acertadas respostas, que sois um verdadeiro maçom.

— Meus irmãos tal me reconhecem.

— De que meios se serve um verdadeiro maçom para provar que o é?

— Pelas provas de sua iniciação e outras circunstâncias conforme seu grau, prestando-se sempre a rigoroso exame, desde que seja regularmente exigido.

— Quais são os exames preliminares?

— Os sinais, toques e palavras.

— Como devem ser dados os sinais, toques e palavras?

— De maneira oculta.

— Por que se deve ocultá-los?

— Porque todos os segredos e mistérios da Maçonaria não devem ser revelados a profanos.

— Pois bem, ocultai esses segredos misteriosos; porém, achando-vos em Loja aberta, podereis revelá-los?

— Conforme.

— Explicai-vos.

— Sim, de minha livre e espontânea vontade, quando tenha a certeza de que somente a maçons verdadeiros posso confiar esses segredos.

— Muito bem; dizei-me, quando fostes aceito maçom?

— Quando o Sol estava no meridiano.

— Se as Lojas trabalham comumente à noite, explicai-me: como é que o Sol estava no meridiano?

— Muito simples. Sendo o Sol o centro do nosso sistema planetário e nosso planeta Terra movendo-se constantemente ao redor do seu eixo, e achando-se a Maçonaria universalmente espalhada sobre a superfície do globo, resulta deste fato que o Sol se acha sempre no meridiano, em relação à Maçonaria Universal.

— Socialmente falando, que é a Maçonaria?

— Um sistema peculiar à nossa Sublime Ordem, cuja maior força deve residir na moralidade de seus membros e cujos fins se acham representados na sua estupenda e variada simbologia.

— Onde fostes iniciado maçom?

— Numa Loja justa, perfeita e regular.

— Que é uma Loja maçônica?

— Uma reunião de irmãos, que se entregam aos trabalhos maçônicos.

— Que se faz preciso para que seja justo o trabalho dos irmãos reunidos numa Loja?

— O livro da Lei, símbolo do Gr.·. Arqu.·. do Univ.·..

— Qual deve ser o seu número perfeito?

— Sete ou mais irmãos regulares.

— Que vem a ser a régua?

— As suas leis e regulamentos.

— Por que vos fizestes maçom?

— Para possuir os segredos e mistérios conservados entre os verdadeiros maçons.

— E os maçons têm segredos?

— Sim, muitos, e de grandíssimo valor.

— Onde os guardam?

— Em seus corações.

— A quem os revelam?

— A maçons, somente a estes.

— Como os revelam?

— Por meio de sinais, toques e palavras particulares.

— Como maçons, de que modo havemos de chegar a conhecer os segredos que ainda nos não foram revelados?

— Com o auxílio da chave.

— Qual é a posição da chave?

— Está pendurada.

— De que forma está pendurada?

— Do fio da vida, entre a garganta e o peito.

— Por que se encontra essa chave tão intimamente ligada ao coração?

— Sendo a chave o indicador da razão, esta e o coração devem manter-se de acordo, para restabelecer o equilíbrio entre os impulsos de um e a rigidez do outro.

— Podeis decifrar-me o mistério dessa chave e de que se compõe?

— Esta chave não foi fabricada por nenhum mortal; é a linguagem da Maçonaria, significando que o maçom deve sempre falar bem de seu irmão, tanto em sua presença, como, muito principalmente, em sua ausência; e quando, infelizmente, assim não possa ser, com honra e proveito, deve-se então adotar a excelente virtude que a simbologia maçônica ensina, representada pela chave, que é o emblema do silêncio.

Segunda parte

— Onde fostes preparado primeiro para serdes recebido maçom?

— Primeiro em meu coração.

— E depois?

— Na câmara das reflexões.

— Quem vos induziu a ser maçom?

— Um amigo, que, mais tarde, verifiquei ser irmão.

— Como fostes preparado?

— Fui despojado de todos os metais, vendado, joelho direito, braço esquerdo e peito desnudos; o calçado esquerdo acalcanhado.

— Por que vos tiraram os metais?

— Para que não levasse nada ofensivo ou defensivo para dentro da Loja e que pudesse perturbar a sua harmonia.

— Não haverá outra razão?

— Como era recebido maçom em estado de pobreza, lembrou-me isso que devia socorrer os irmãos necessitados desde que fossem merecedores, mesmo em detrimento a mim e à minha família.

— Não haverá ainda uma outra razão?

— Sim, na edificação do Templo de Salomão não se ouviu o som de nenhuma ferramenta metálica.

— É possível que um edifício tão suntuoso como é o Templo de Salomão pudesse ser construído e concluído sem o auxílio de ferramentas de metal?

— Tanto foi possível que foi construído com a maior regularidade e perfeição. As pedras foram desbastadas nas pedreiras e ali aperfeiçoadas, cinzeladas, marcadas e numeradas; as madeiras foram cortadas nas florestas do Monte Líbano e igualmente lavradas, talhadas, feitas as esquadrias, marcadas e numeradas; conduzidas do Líbano a Jope pelo rio, e deste a Jerusalém, onde, no local escolhido para a maravilhosa construção, eram colocadas com alçapremas e grandes toros de madeira e outros utensílios expressamente preparados para esse fim.

— Por que se prepararam a tão grande distância esses materiais?

— Para demonstrar a excelência dos trabalhos dos irmãos maçons do Tiro, dirigidos pelo mestre Hiram, porque, embora os materiais fossem preparados a tão grande distância, quando se os juntaram em Jerusalém, as peças ajustaram-se com tal perfeição que pareciam mais obra do Gr.·. Arqu.·. do Univ.·. do que de mãos humanas.

— Por que se proibiram as ferramentas e utensílios de metal?

— Para que o Templo não fosse profanado.

— Como e por que se profanaria o Templo, se na sua construção os irmãos usassem ferramentas de metal?

— Conforme o Capítulo XX do Livro do Êxodo, o

Todo-Poderoso disse a nosso irmão Moisés: "Um altar de terra me levantarás e nele me oferecerás o teu sacrifício de Paz, mas se o edificares de pedra, esta não será lavrada, porque se passar por ele, na sua construção, algum utensílio de metal, ficará o altar profanado; e os sacrifícios, que sobre ele me ofereces, não serão recebidos".

Ora, o grande Salomão, compreendendo que a Maçonaria era uma instituição divina e que o Templo que se estava construindo era para ser dedicado exclusivamente ao Gr.·. Arqu.·. do Univ.·., proibiu que se fizesse uso de qualquer instrumento de metal nos trabalhos da edificação do Templo.

— Por que o profano é introduzido na Loja com os olhos vendados no momento da sua iniciação?

— Porque, dado o caso de se recusar a passar por algumas das cerimônias de iniciação, possa retirar-se sem ter visto o Templo na sua forma ou detalhes.

— Não haverá ainda uma segunda razão?

— Sim. Recebido na Maçonaria com os olhos vendados, lembra que do mesmo modo devem estar os que não pertencem à Ordem Maçônica, não consentindo jamais que um profano possa obter a luz, se não de uma forma regular e legal.

— Haverá ainda um terceiro motivo para se vendarem os profanos?

— Certamente. O profano entra vendado para que o seu coração sinta primeiro as emoções, antes que seus olhos possam contemplar o que se passa.

— E por que entra o profano com o calçado acalcanhado no pé esquerdo?

— É uma alegoria ao costume usado antigamente pelos nossos irmãos do Oriente e que significa a solenidade da obrigação que vai contrair.

— Preparado dessa maneira, aonde é conduzido o profano?

— À porta da Loja.

— Como se acha essa porta?

— Fechada e coberta pelo irmão cobridor.

— Qual é o seu dever nesse posto?

— Com uma espada na mão, evita a entrada dos profanos e examina se os candidatos se acham devidamente preparados.

— Achando-se o profano vendado, como poderá entrar?

— Depois de bater três pancadas rápidas com o malhete que lhe apresentam.

— Que significam essas três pancadas?

— Que, por ser profano, não conhece o Livro da Lei, que mais tarde o ensinará a bater por formas diferentes, conforme o grau dos maçons que se acham reunidos.

— Há uma outra razão para essas três pancadas?

— Sim. Representam uma grandiosa alegoria.

— Que alegoria é essa a que aludis?

— As três promessas de todos os tempos e de todas as crenças.

— Quais são essas promessas?

— Batei e abrir-se-vos-á — Pedi e obtereis — Buscai e achareis.

— Ao abrir-se a porta, o que acontece ao profano?

— É detido pelo Guarda do Templo.

— Tem mais outros deveres o Guarda do Templo?

— Sim. Dar entrada aos maçons após respectivo exame. Recebe os candidatos, se estão devidamente preparados e obedece às ordens do 2º Vigilante.

— O candidato poderá, assim vendado, vir sozinho à porta do Templo?

— Não; acompanha-o um irmão.

— Que exige o Guarda do Templo, do irmão que acompanha o candidato?

— Pergunta-lhe quem é o que ele conduz.

— Que lhe responde?

— Que é um profano em estado de cegueira, que deseja ser iniciado nos augustos mistérios da Maçonaria; e que ali vem por sua livre e espontânea vontade.

— E depois?

— Que esse candidato pretende obter os privilégios maçônicos, porque é livre e de bons costumes.

— Que responde o Guarda do Templo?

— Que lhe diga o nome, idade, nacionalidade, profissão, estado civil e religioso do candidato. Cumpridas essas formalidades, dá-se entrada ao profano.

— E de que modo é o candidato recebido à entrada do Templo?

— Com a ponta de um ferro encostada ao peito.

— E por que é assim recebido o profano?

— Para chamar-lhe a atenção à solenidade do ato.

— Aonde é conduzido depois o candidato?

— Ao ocidente e entre colunas.

— E depois?

— Fazem-lhe perguntas sobre os fins a que se propõe ao entrar para a Maçonaria, cujas respostas o candidato deve dar com toda liberdade, franqueza e sinceridade, conforme lhe ditar a consciência.

— E depois?

— É o candidato convidado a refletir novamente sobre a gravidade do passo que pretende dar e instado para que se retire se ainda não possui suficiente decisão e, por fim, se o profano insiste em ser recebido, faz-se-lhe praticar as respectivas viagens.

— Qual é a pergunta que lhe é feita ao iniciar as viagens?

— Em quem, no caso de dificuldades, deposita o candidato a sua confiança.

— Qual é a resposta?

— Comumente responde: "No Ser Supremo".

— Que lhe responde o Venerável Mestre?

— Que lhe agrada a confiança depositada no Ser Supremo. Deve, pois, seguir o condutor com passo firme, porque àquele que invoca o auxílio do Ser Supremo, este não lhe faltará jamais.

— Que caminho segue na primeira viagem?

— Do Ocidente ao Norte, deste ao Oriente, deste ao Sul e, por fim, volta ao Ocidente.

— Existem, nessa viagem, obstáculos a vencer?

— Sim, muitas e grandes dificuldades a vencer, perigos a afrontar, tanto que, sem o apoio do condutor, poderá o candidato sucumbir.

— Dá-se alguma explicação dessa viagem?

— Sim. Esta viagem é o emblema da vida humana: o tumulto das paixões, o choque dos interesses os mais desencontrados, as dificuldades das empresas, os obstáculos que, multiplicando-se sob os nossos passos, concorrem para nos extraviarmos, tudo isso é significado nos alvoroços, perigos e dificuldades a vencer, nessa primeira viagem.

— Como se termina essa primeira viagem?

— Com três pancadas dadas pelo 2º Vigilante nas espáduas do candidato.

— Que significam essas três pancadas?

— Que pode ser feita a segunda viagem.

— Que se passa nessa segunda viagem?

— Alvoroços, ruídos e água, na qual é submergida a mão do candidato.

— Que explicação tem essa segunda viagem?

— Significa os combates que o homem virtuoso tem de sustentar para triunfar do vício, até alcançar o caminho da purificação; tudo isso está figurado pelos estrondos, ruído de espadas, assim como pela água, onde é, em parte, purificado o candidato.

— Como se termina essa segunda viagem?

— Por três pancadas dadas na outra espádua pelo 1º Vigilante.

— Que explicação têm essas três pancadas?

— Que pode realizar a terceira viagem.

— Que se passa nessa terceira viagem?

— Chamas de fogo. No mais, torna-se uma viagem silenciosa e tranquila.

— Que significa essa terceira viagem?

— O fogo é o emblema da purificação completa do candidato; quer dizer também que essas chamas devem acender, nos corações dos maçons, o amor a seus semelhantes, gravando na memória de todos a moral sublime da caridade e o princípio cristão de "não fazer aos outros aquilo que não queremos que se nos faça".

— Como se termina essa terceira viagem?

— Por três pancadas do Venerável Mestre dadas na cabeça do candidato.

— Que significam essas três últimas pancadas?

— Que estão terminadas as viagens.

— E depois?

— Anuncia-se ao candidato que há ainda outras provas difíceis de realizar; que a Sublime Ordem Maçônica poderá um dia exigir o sangue do candidato; e, para se ter a prova de que este cumprirá esse dever, será exigida uma garantia; e que esta só poderá ser selada com o seu sangue para significar o seu valor.

— Se o candidato se prontifica a derramar o seu sangue, que acontece?

— O Venerável Mestre declara, então, que lhe basta, no momento, a coragem e a resignação do candidato, mas tenha sempre presente que esta prova significa que, em qualquer tempo e em qualquer condição, deve defender seus irmãos maçons, ainda que seja à custa do seu próprio sangue.

— Pede-se-lhe mais alguma coisa?

— Sim. É solicitada uma esmola para as viúvas e órfãos que a Maçonaria ampara. Sendo, portanto, dever de todo maçom praticar a caridade, e isso no maior segredo, para não humilhar quem recebe essa caridade.

— E o candidato entrega logo a sua dádiva para as viúvas e pobres?

— Não. Achando-se quase desnudo e sem nenhum valor consigo, sente não poder fazê-lo imediatamente; e o Venerável Mestre, compreendendo isso, afirma-lhe que aprecia os seus sentimentos generosos — que esta prova não fora exigida para pôr o candidato em confusão nem tampouco para mortificar-lhe o amor-próprio, mas apenas por três razões especiais.

— Qual a primeira dessas razões?

— Para conhecer os sentimentos caridosos do candidato, pondo-os em prova.

— E a segunda razão?

— Para convencer os irmãos presentes que o candidato não tinha consigo dinheiro nem outros valores, porque se os trouxesse, estaria nula a iniciação do candidato, até aquele momento.

— E a terceira razão?

— Para que, a todo tempo, o candidato não se esqueça de que foi recebido pobre e quase nu, encontrando da parte de todos, carinho e apoio nas provas por que passou; e que, portanto, o mesmo dever competiria ao maçom que fosse chamado a prestar seu auxílio.

— Que mais ocorre?

— Avisa-se o candidato de que vai, afinal, receber o prêmio de seus esforços e boa vontade; porém, antes terá de prestar um solene compromisso que nada repugnaria às leis e aos bons costumes, e pergunta-se ao candidato se quer prestar esse compromisso de livre e espontânea vontade.

— Como é efetuado esse compromisso?

— O candidato é conduzido ao Oriente e ali, em frente ao altar do Venerável Mestre, coloca a sua mão direita sobre o Livro da Lei e, com a mão esquerda, segura um compasso cujas pontas estão encostadas ao peito nu do mesmo candidato.

— Por que se coloca o compasso com as pontas voltadas ao peito do candidato?

— Para fazê-lo compreender que, assim como o compasso, naquela posição, poderia ferir o candidato, este deveria tomar aquele ato como aviso do castigo em que incorrerá todo maçom que fizer mau uso ou revelar os segredos que recebe.

— Depois do compromisso, que é que se faz ao candidato?

— É colocado entre as colunas e, em seguida, é interpelado se está inquieto com o compromisso prestado, e que esse compromisso vai ser novamente ratificado após o candidato receber a luz, e que, se quisesse era ainda tempo de se retirar.

— E se o candidato insiste?

— Então, dá-se-lhe a luz à terceira pancada do malhete.

— Como é dada a luz?

— À terceira pancada do malhete, o Venerável diz: "Faça-se a luz". Cai, então, a venda dos olhos do candidato e

A LUZ FOI FEITA!

Terceira parte

— Ao receber a luz, que mais impressiona o candidato no primeiro momento?

— As espadas desembainhadas com que todos os irmãos presentes lhe apontam para o peito.

— Que significam essas espadas apontadas ao peito do candidato?

— Quer dizer que não somente aquelas espadas, porém centenas de milhares de outras que se acham ocultas estão prontas a acudir em socorro do candidato, se for um bom maçom e respeitador das Leis da Maçonaria, mas também serão as defensoras da ordem e da virtude, se o maçom se tornar culpado e perjuro.

— Depois, que se faz?

— Conduz-se o candidato ao trono do Venerável; este desce ao primeiro degrau, encosta as pontas do compasso novamente no peito do iniciado, dizendo: — "Aprendei a ser exato e justo como as pontas deste compasso ensinam; dirigi sempre para o bem os movimentos do vosso coração". Depois, pegando na espada flamígera e no malhete, bate três pancadas sobre cada ombro e, por fim, sobre a cabeça do iniciado, declarando-o aprendiz maçom.

— Que é que significa a espada flamígera?

— É o emblema da justiça do Ser Supremo, que, durante as tempestades do firmamento, faz cair seus raios sobre o planeta, iluminando com verdadeiras chispas de fogo todo o espaço percorrido, causando assombro e relembrando aos mortais que, acima de tudo e de todos, existe uma força portentosa que os pode reduzir a cinzas num simples segundo de tempo.

— Será essa a única significação da espada flamígera?

— Não. Indica também que, empunhada pelo Venerável Mestre naquele momento, ela representa força portentosa da Maçonaria que, disseminada por toda a terra, pode em breve espaço de tempo, fulminar a ignorância, a superstição, hipocrisia e falsidade.

— Que instruções recebe o novo iniciado no começo?

— Os três passos do aprendiz maçom.

— De que se compõem esses três passos?

— De linhas retas e de ângulos.

— Explicai isso.

— Coloca-se o calcanhar do pé direito junto ao calcanhar esquerdo, com os pés abertos nas pontas, formando a esquadria.

— E que mais?

— A mão direita espalmada no peito, formando um ângulo com os dedos polegar e indicador, comprimindo levemente a garganta, o cotovelo ligeiramente levantado, formando outro ângulo.

— Quantos são, então, os ângulos formados com essa posição?

— Três.

— Explicai-os.

— De baixo para cima, vemos: o primeiro ângulo, formado pelos pés; o segundo ângulo, formado pelo braço com o terço inferior e superior; o terceiro ângulo, formado pelos dedos polegar e indicador, apertando ligeiramente a garganta.

— Qual é a significação maçônica desses ângulos?

— De cima para baixo, significam: Os dedos na garganta, "que mais fácil será ser degolado do que revelar os segredos dos maçônicos". O braço: "que a sua força, naquele momento representada pelo braço direito, está toda a serviço da Sublime Ordem, porque, estando naquela posição de respeitoso acatamento ao Venerável Mestre, só terá livres os seus movimentos quando lhe for permitido; é, por isso, chamado sinal de ordem". O dos pés, terceiro ângulo inferior, quer dizer: "que o maçom deve ter sempre uma vida reta, assentando todos os seus atos sobre a esquadria".

— Nessa posição, que é que faz o candidato?

— Avança três passos, sempre em esquadria com os pés. Dirige os três cumprimentos ao Venerável Mestre, aos 1º e 2º Vigilantes, levando a mão direita à extremidade do ombro direito e fazendo-a descer sempre em esquadria, ao longo do corpo; aguarda então ordens do Venerável Mestre.

— Isto feito, que mais vê o novo iniciado?

— As três luzes menores da Maçonaria.

— Onde se acham essas luzes?

— No Oriente, Sul e Ocidente.

— Com que fim?

— Não somente para demonstrar o curso do Sol que nos aparece no Oriente, alcança o seu meridiano no Sul* e fica oculto para nós no Ocidente, como também para ilustrar o homem que deve despertar com o astro do dia, trabalhar até este se ocultar, indo depois descansar e ficar em profunda meditação sobre as três forças da natureza.

— Por que não existe nenhuma luz ao Norte?

— Iluminando pouquíssimo esta parte do globo, o Astro-Rei não despede seus raios nesse ponto de nosso hemisfério.

— Que representam ainda essas três luzes?

— O Sol, a Lua e o Venerável da Loja.

— Para quê?

— O Sol, para determinar o dia na sua passagem; a Lua, para significar que, à noite, toda a natureza diminui de intensidade e recobra forças para recomeçar na manhã seguinte, e o Venerável Mestre dirige os trabalhos dia e noite entre os maçons de sua Loja.

— Quem lhe dá essa autoridade e essa força?

— O Venerável Mestre está no Oriente, sobre o trono e logo abaixo do delta. Nesta posição, representa a natureza inteira em todas as suas manifestações. Achando-se assim integrado com toda a criação, age como entidade soberana, podendo fazer a luz cessar entre os maçons reunidos, e estes, em estado de completa cegueira, nada podem fazer.

* Em relação ao hemisfério norte.

— Como pode o Venerável fazer cessar a luz, produzindo a cegueira entre os maçons reunidos?

— Com um simples golpe de malhete, suspende ou encerra os trabalhos da Loja.

— Explicai essa comparação do Venerável, com o Sol e a Lua.

— Assim como o homem cumpre os seus deveres da vida social sob a ação benfazeja da luz e do Sol e da Lua, do mesmo modo os maçons cumprem os deveres que a Ordem impõe, com o auxílio, os cuidados e as instruções do Venerável Mestre.

— Há pouco falastes em delta; que significa isso na Maçonaria?

— É o triângulo fulgurante que fica sob o dossel, acima do trono onde se acha sentado o Venerável Mestre, e entre os dois astros luminosos, o Sol e a Lua.

— Que é que representa esse triângulo fulgurante?

— Representa a maior de todas as forças; é o Sumo Criador.

— Como assim?

— O triângulo, com o seu ápice para o alto, todo iluminado e tendo ao centro a figura de um olho irradiando cintilações em todos os sentidos, colocado entre o Astro-Rei e a Lua, chamado comumente — O OLHO DA PROVIDÊNCIA — simboliza todos os atributos da divindade, a onividência, a onipresença e a onisciência; é o Todo-Poderoso, enfim. O Supremo Arquiteto do Universo!

— Que é que significa ainda, para o maçom, esse augusto símbolo?

— Recorda-lhe que, sendo o Grande Arquiteto onipresente, está em toda parte; onividente, vê tudo; e onisciente, sabe tudo, e assim, o maçom nada pode ocultar, porque o triângulo luminoso penetra fundo na consciência de todos.

— Tem ainda outras interpretações o delta luminoso, segundo a simbologia maçônica?

— Sim, e cada qual a mais bela e mais gloriosa, conforme seja o grau de elevação dos maçons que se reúnem sob a sublime e soberana égide do triângulo fulgurante.

— Muito bem. Como pode um maçom estranho a uma loja dar entrada no templo?

— Por meio de sinais, toques e palavras.

— Quais são esses sinais e esses toques?

— Aqueles que recebem todos os maçons, imediatamente após a solenidade da iniciação.

— Quantas palavras existem que constituem segredo na Maçonaria?

— Três.

— Quais são?

— A palavra de passe, a sagrada e a semestral.

— Quando é que uma loja está justa e perfeita?

— Quando a palavra sagrada, vindo do Oriente, passa pelo Sul e vai ao Ocidente.

— Como se constata a passagem da palavra sagrada?

— Por meio das três luzes. Vem do Venerável ao 1º Vigilante e destes ao 2º, que declara estar tudo justo e perfeito na sua coluna ao 1º Vigilante, e este dá também a mesma informação ao Venerável, que declara igualmente estar tudo justo e perfeito no Oriente, começando então os trabalhos da Loja.

— Há pouco falastes do modo pelo qual um profano é iniciado maçom, mas nada dissestes dos objetos que o mesmo recebe no ato da iniciação. Podeis fazê-lo?

— Sim. Em seguida ao ato de ser dada a luz ao neófito, o Venerável Mestre reveste-o com um avental, dizendo-lhe que esse avental é a mais nobre e mais antiga insígnia para o homem virtuoso e trabalhador, muito mais nobre e mais antigo do que a águia romana, o tosão de ouro, a jarreteira da Inglaterra ou a legião de honra da França.

— Mas, o avental tem apenas essa significação?

— Não. Essa insígnia significa também um grande poder, porque, além de ser mais nobre e mais antiga do que as distinções do mundo profano, o avental entre os maçons tem o poder de abrir todas as portas de todos os Templos maçônicos espalhados por toda a superfície do globo.

São ainda entregues outros objetos ao novo iniciado?

— Sim. Dois pares de luvas brancas.

— Que é que simbolizam essas luvas?

— São o símbolo da pureza e significam que o maçom deverá ter sempre suas mãos limpas de qualquer impureza.

— Por que dois pares de luvas?

— O outro par de luvas é de mulher.

— Para que as entregam ao iniciado naquele momento?

— Simbolizam o voto de solidariedade e carinho que os maçons devem sentir pelas pessoas do outro sexo e, por isso, ao serem entregues ao iniciado, o Venerável Mestre diz: "Estas são destinadas àquela que mais direito tem ao vosso carinho e à vossa dedicação".

— E depois?

— É entregue também um malhete, um escopro e uma régua de 24 polegadas.

— Explicai o uso dessas ferramentas.

— A régua de 24 polegadas serve para medir a extensão do trabalho; o malhete e o escopro servem para desbastar a pedra bruta, alisando-a e afeiçoando-a ao fim a que for destinada.

— Podeis dar uma definição mais de acordo com os fins da maçonaria em que são aplicados estes utensílios?

— Posso, e neste caso, a régua de 24 polegadas representa as 24 horas do dia, dividindo-o na parte em que deve ser dedicado ao trabalho, parte ao descanso e recreação, e parte em socorrer ou procurar nossos irmãos; o malhete representa a força da nossa consciência, que deve ser o nosso guia, e o escopro, martelado pelo malhete que obedece à ação da nossa vontade, significa que devemos ir destruindo, ainda que lentamente, todos os maus atos, produtos de maus pensamentos.

— Esse trabalho feito com o auxílio da régua, do malhete e do escopro, não significa mais alguma coisa?

— Sim. Demonstra que a educação maçônica prepara o irmão de modo a poder ser um digno membro de um povo civilizado, tornando-se útil à sociedade em geral.

— Em seguida, colocado o neófito na coluna do Norte, que é que ele vê?

— A conformação do templo.

— E que forma tem?

— A de um quadrilátero oblongo.

— Quais são suas dimensões?

— A sua longitude vai do Oriente ao Ocidente e a sua largura do Norte ao Sul. A sua profundidade vai até o Nadir e a sua altura até o Zênite.

— E por que uma Loja maçônica com tão vasta extensão?

— Para demonstrar a universalidade da arte, ciência, filosofia e caridade que a Sublime Ordem Maçônica corporifica.

Quarta parte

— Sobre quais terrenos estão situadas as Lojas maçônicas?

— Sobre terrenos sagrados.

— Como foram constituídos sagrados esses terrenos?

— Três grandes oferecimentos, que mereceram a aprovação do Supremo Arquiteto.

— Descrevei-os.

— O primeiro quando Abraão ofereceu em holocausto o seu próprio filho Isaac; o segundo, os oferecimentos e fervorosos rogos do rei Davi, suplicando a benignidade divina; e o terceiro, os grandes e valiosos sacrifícios que fez o rei Salomão na conclusão do Templo, dedicado ao serviço do Grande Arquiteto do Universo. Estes três fatos dos nossos antecessores foram, são ainda, e cremos que continuem sendo a base de toda a obra colossal da Maçonaria.

— Como se acham edificadas as Lojas maçônicas?

— Do Oriente para o Ocidente.

— Por quê?

— Porque todas as Lojas maçônicas, assim como todos os outros Templos dedicados ao culto do Supremo Arquiteto, assim devem estar colocadas.

— Deve existir para isso algum motivo?

— Sim. Existem três.

— Explicai-os.

— O primeiro é que o Sol, Glória do Grande Arquiteto do Universo, aparece ao nosso planeta do Oriente para o Ocidente.

— O segundo?

— Porque, vindo a luz do Oriente, aí tiveram origem todas as ciências que se espalharam por todos os recantos da terra.

— E o terceiro?

— Desde os tempos mais remotos, o homem vem aprendendo e admirando os maravilhosos trabalhos da criação; esta obra sublime, sob qualquer aspecto que se contemple, nos ensina e convence da existência de um Ser Supremo. São provas patentes da sua existência o culto de nossos antepassados, que jamais vacilaram em oferecer os mais elevados sacrifícios sempre aceitos, quando não eram dolorosos, bastando apenas a sinceridade com que era e é ainda hoje feita a oferta. Vejamos: Abel, oferecendo um sacrifício mais agradável do que o de Caim seu irmão; vejamos os de Noé, Enoque, Jacó até Moisés, que ergueu o primeiro Templo no deserto, sob o modelo revelado no Monte Sinai, o qual denominou Tabernáculo, situando-o do Oriente para o Ocidente. E, à sua semelhança, edificou mais tarde o rei Salomão o Grande Templo, verdadeira maravilha do mundo. Significa também as três mais importantes instituições reveladas a Moisés: — moral, ritual e judicial.

— Em que se apoia uma Loja maçônica?

— Sobre três grandes colunas.

— Como se denominam?

— Sabedoria, força e beleza.

— Por que são assim chamadas e o que simbolizam?

— Sabedoria, para conduzir os maçons em suas empresas. Força, para sustentá-los em suas dificuldades. Beleza, para revelar a delicadeza dos sentimentos nobres e fraternais do verdadeiro maçom.

— Essas três colunas não terão ainda outras significações?

— Têm sim.

— Interpretai-as, então.

— O mundo-universo é o Templo do Grande Arquiteto, a quem adoramos em pensamento, coração e atos. Sustentam o Seu trono, como colunas da Sua obra portentosa, a sabedoria, a força e a beleza. Sua sabedoria é infinita; Sua força é onipotente e Sua beleza resplandece sobre toda a criação, com ordem e simetria. Estendeu os céus como um dossel e colocando a Terra como um tapete a Seus pés, encimou o Seu Templo com as estrelas do firmamento, como um diadema cintilante, conservando em Suas mãos as guias do Seu poder e da Sua glória. O Sol e a Lua são, para nós, os terrenos mensageiros de Sua divina vontade; sem estes dois luzeiros, a natureza inteira teria desaparecido da face da Terra. As leis do Supremo Arquiteto são: harmonia, amor, verdade e justiça.

— E que mais simbolizam aquelas três colunas?

— As três colunas representam, também na Maçonaria, os nossos três grandes antepassados: — Salomão, rei de Jerusalém; Hiram, rei de Tiro e Hiram, Venerável Mestre, a quem foi confiada a construção do Grande Templo.

— Por que consideram os maçons essas três personagens como seus antepassados?

— Porque Salomão, tendo não só a ideia da construção do primeiro Grande Templo edificado sobre a Terra, forneceu também tudo quanto foi necessário à edificação, representando a Sabedoria; Hiram, rei do Tiro, fornecendo a multidão de operários indispensáveis a tão estupenda construção, representa a força; e Hiram, o maior e mais competente de todos os arquitetos, encarregou-se da construção do Grande Templo, fiscalizando rigorosamente esse trabalho, desde a sua fundação, para garantir a sua solidez, até os mais íntimos ornatos, para que em nada viesse a sofrer no seu conjunto formoso essa grandiosa obra, que representa a beleza.

— Podeis dizer quais as ordens arquitetônicas adotadas para a construção do Grande Templo, e com qual denominação são atualmente conhecidas?

— Sim. Essas ordens nobres da arquitetura são hoje conhecidas por: dórica, jônica e coríntia. E é sempre obedecendo a estas três ordens que se constroem os nossos Templos maçônicos.

— Qual deve ser a forma adotada para a edificação do teto de uma Loja maçônica?

— A abóbada, representando um céu semeado de estrelas. O céu, no Oriente, apresenta um quadro de doce tranquilidade, deixando ver todas as cores do arco-íris, iluminadas pelos raios cintilantes das três luzes: o Sol, a Lua e o Venerável Mestre, que, por sua vez, recebe a luz do Grande Templo ou o triângulo fulgurante que é o Supremo Arquiteto. Ao centro da abóbada, vê-se o céu apresentando tonalidades mais esbatidas na viveza das cores à proporção que se aproxima do Ocidente, onde então a abóbada se cobre de nuvens negras, tumultuosas e pesadas, anunciando constantes tempestades.

— Que é que simboliza, maçonicamente, essa diferença de tons nas cores empregadas na abóbada de um Templo maçônico?

— Significa que o profano, ao entrar para a Maçonaria, caminha do Ocidente para o Oriente, isto é, vem das trevas em busca da luz; ao ficar entre as colunas é vítima ainda das paixões grosseiras do mundo profano, onde se agitam e se debatem as tempestades materiais da vida, que tanto afligem a alma humana; mas, à medida que, por sua vontade, vai estabelecendo o domínio sobre essas paixões más, dirige-se para o Ocidente, onde reinam a ordem, a tranquilidade, a luz enfim.

— Podem os maçons aspirar a elevar-se até onde se acha o triângulo luminoso?

— Seguramente.

— Mas, como?

— Com o auxílio da escada de Jacó.

— Explicai esse símbolo.

— Este símbolo tem fundamento numa tradição bíblica dos tempos patriarcais, que é a seguinte: — Rebeca, esposa de Isaac, vendo que seu marido possuía uma faculdade especial, quis e obteve que essa faculdade fosse transmitida a seu filho Jacó, se bem que, por direito de primogenitura, pertencesse a Esaú. Ainda bem não havia Jacó adquirido a faculdade especial de seu pai, quando foi obrigado a fugir à cólera de seu irmão Esaú, pois este determinara matá-lo. Viajando Jacó em direção a Pandonharam, cidade distante da Mesopotâmia, a fim de tomar por mulher uma das filhas do seu tio Labão, no fim da primeira jornada, achando-se muito cansado e não tendo nenhuma pousada perto donde se encontrava, resolveu deitar-se sobre o solo, fazendo de uma pedra travesseiro e tendo o céu por cobertura. Dormindo assim, sonhou que se lhe apresentava uma escada de três lances, cujos pés se apoiavam na terra, elevando-se para o céu o resto dos degraus. Por essa escada, anjos do Senhor subiam e desciam. Jacó ouviu, então, uma voz que lhe disse: "Contempla, Jacó, o caminho pelo qual se chega a mim. Se o seguires e cumprires as minhas ordens, voltarás ao teu lar em paz e prosperidade, e farei com que a tua descendência chegue a formar uma grande nação". Vinte anos depois, verificou-se essa predição. Jacó regressou ao lar paterno, sendo bem recebido por Esaú, seu irmão; e seu filho favorito, José, mais tarde protegido por Faraó, rei do Egito, chegou a ser o primeiro no reinado deste rei. Mais tarde ainda, os israelitas prosperaram tanto, que constituíram uma das nações mais fortes — poderosíssima, mesmo naqueles tempos.

— Como era composta essa escada?

— De três lances.

— Que é que simbolizam esses três lances da escada?

— Fé, esperança e caridade.

— Podeis dizer como compreendem os maçons essas três virtudes?

— A fé é o traço de união que liga a criação ao Criador; portanto, a base da eterna justiça, o laço da amizade e principal sustentáculo da sociedade humana. Vivemos e agimos alimentados pelo sentimento da confiança que uns aos outros inspiramos, que também nos proporciona esperança, alenta-nos a alma com a convicção que nos dá da existência de um ser supremo. A fé justifica nossos atos de amor pelas coisas incriadas; é como que a evidência psíquica das coisas que escapam aos nossos sentidos físicos. Pela fé, somos sustentados e amparados nas lutas contra o homem material que reside em nós mesmos, e se nos ensina o caminho que os conduzirá à perfeição. É pela fé, tal nos mostra a Maçonaria, que alcançamos as mansões supremas onde nos integralizaremos com o Supremo Arquiteto do Universo.

— Como se compreende maçonicamente a esperança?

— A Maçonaria ensina que a esperança é a âncora da

alma humana: imóvel e poderosa, firme e consoladora. Tenhamos, pois, confiança absoluta no Grande Arquiteto, esforçando-nos por nos manter dentro dos limites de suas sacratíssimas promessas, e alcançaremos o nosso alvo. Porque, sem esperança e sem fé, nada conseguiremos. Assim, todo aquele que for constante nas causas justas, superará todas as dificuldades, alcançando êxito completo.

— E a caridade?

— Por si mesma enche de puro amor toda a humanidade. A caridade é uma das mais brilhantes joias com que, muito justamente, se adorna a Sublime Ordem Maçônica. É a pedra de toque e a mais segura prova da sinceridade entre os maçons. A benevolência, acompanhada pela caridade, honra e ordem maçônica, no seio da qual esta soberana Virtude floresce constantemente, por ser um dos escopos que mais preocupa e com maior esmero cumprem os verdadeiros maçons.

— Que mais ensina a Maçonaria sobre a caridade?

— Que é verdadeiramente feliz todo homem que sente brotar no coração a semente da benevolência. Não inveja o próximo, não dá conta das palavras vis e caluniadoras, porque a malícia e a vingança não acham abrigo em seu peito. Esquece as injúrias e procura apagá-las do pensamento. Assim, pois, tem sempre presente à sua imaginação que somos todos irmãos, que deveremos estar sempre prontos a acudir àqueles que reclamam nossa assistência; e que jamais deveremos recusar nossa mão amiga, generosa e leal, ao necessitado que implore socorro. Deste modo os maçons agem dentro das linhas da misteriosa esquadria, recebendo um dia a recompensa a que tiver direito pelo amor e caridade.

— Em que se apoia a esquadria maçônica?

— No Livro da Lei.

— E por que nesse livro?

— Porque esse livro revela os mais importantes segredos da divina vontade do Grande Arquiteto do Universo.

Quinta parte

— De que se compõe o interior de uma Loja maçônica?

— De adornos, alfaias, joias e móveis.

— Enumerai os adornos.

— O pavimento de mosaico, a estrela radiante e a orla dentada.

— Onde se veem esses adornos?

— O pavimento de mosaico é o famoso solo da Loja; a estrela radiante é a glória ao centro e a orla em cadeia é o remate dessa mesma glória.

— Que significam para os maçons esses adornos?

— O pavimento de mosaico, com a sua variedade de quadros em cores, simboliza a grande diversidade das coisas que adornam e decoram toda criação, tanto na parte animada como na inanimada. A estrela radiante, ou seja glória, simboliza o Sol que, iluminando a Terra com a sua benéfica influência, vivifica toda a natureza e espalha no gênero humano resplendor da vida infinita. A cadeia, formada por elos sucessivos, representa o infinito, no qual todos os planetas, nos seus movimentos constantes, constituem um harmonioso cortejo ao redor do Sol, do mesmo modo que a corrente, com os seus elos circundando a Loja, reúne todos os maçons para seus trabalhos no bem e no justo.

— Por que foi preferido o mosaico no solo dos Templos?

— Para dar a conhecer e trazer sempre patente aos olhos dos maçons a instabilidade das coisas humanas. Quer marchemos na estrada florida da prosperidade, quer sobre os caminhos tortuosos das fraquezas, tentações, adversidades, à semelhança do variegado mosaico, passamos uma vida alternativamente cheia de contrariedades e incidentes, às vezes prósperos, outras adversos. Assim, pois, todo maçom, fixando seu olhar no mosaico, aprende a não fazer alarde nem ostentação de coisa nenhuma, mas, ao contrário, a caminhar com prudência, retidão e firmeza, trilhando sempre a estrada que a fé nos indica, sustentados pela esperança e cumprindo a caridade, buscando constantemente aproximar-nos das supremas verdades e reconhecendo que a nossa passagem na vida material é tal que não há em nenhuma parte dela fundamento em que se apoie a soberba ou o orgulho. E se alguns maçons estão destinados a ocupar postos mais elevados do que outros, a morte, inevitável niveladora da humanidade, destrói todas as distinções da existência material, tornando, no túmulo, todos iguais e permanecendo somente na memória dos sobreviventes as tradições do bem.

— Quantas são as joias de uma Loja?

Três superiores, três auxiliares e três menores.

— Explicai-as.

— As três superiores são: a do Venerável Mestre e as

dos 1º e 2º Vigilantes; as seis inferiores são: as dos irmãos que desempenham outras funções em Loja.

— Descrevei-as.

— A do Venerável Mestre é composta de um compasso com as pontas para baixo e um esquadro preso às do compasso formando esquadria. A do 1º Vigilante representa um nível e a do 2º Vigilante um prumo. Essas são as três superiores.

— Descrevei as outras três auxiliares.

— São a do Secretário, representada por duas penas entrelaçadas; a do Orador, representando um livro aberto, e a do Tesoureiro, duas chaves em aspas.

— E as menores?

— São também três: dos 1º e 2º Diáconos, representando pombas, e a do Chanceler, um círculo com a respectiva chancela da Loja.

— Essas nove joias são as únicas usadas na Maçonaria?

— Não. Há ainda uma outra joia. Aquela que reúne em si todas as outras e é, por isso, considerada a maior de todas.

— Como é essa joia?

— Representa um Sol de ouro, cujos raios luminosos iluminam os Grandes Orientes.

— E a quem é confiada essa joia tão valiosa?

— Ao soberano Grão-Mestre.

— Muito bem. Dai-me agora a definição dessas joias, por ordem de autoridade e responsabilidade na Maçonaria.

— O Sol de ouro, pendente do peito do Soberano Grão-Mestre e investindo-o da mais alta autoridade maçônica, significa que, no exercício daquele importante cargo e possuindo o mais alto grau na hierarquia, o Grão-Mestre enfeixa em suas mãos todo o poder da Ordem no Grande Oriente cujas Lojas e maçons estão sob sua autoridade. É, portanto, o símbolo do Sol que, como centro do nosso sistema planetário, ilumina e dá vida a todos os planetas que ao redor dele gravitam.

— Não há ainda uma outra significação para esse emblema distinto do grão-mestrado?

— Sim, e de grande importância esotérica.

— Explicai-o, então.

— Na Maçonaria simbólica, os números têm uma notável influência esotérica. É por isso que o ternário se manifesta constantemente nos seus emblemas. O número três representa, nos augustos mistérios da Ordem, o princípio geral de todas as coisas, só podendo existir um número íntegro, e esse é o 10. Pois bem, o Sol radiante, que é a joia do Grão-Mestre, significa a integração da Maçonaria em todas as manifestações da criação, da natureza enfim.

— Por que é íntegro e por que esse número 10 encerra, em si só, a mais elevada significação esotérica?

— Os algarismos *1* e *0* formam o número *10*. Como se vê, esse número é composto de 3 vezes 3 — formando 9, e mais 1, formando *10*. Ora, esotericamente, o número *1* simboliza a unidade, isto é, o Supremo Arquiteto do Universo, e o algarismo *0* representa o infinito. Razão por que a joia do Grão-Mestre, que pode ser a primeira quando está presente, significa, em escala ascendente, a décima, porque reúne em si todas as outras formadas de 3 em 3, conforme a categoria das funções que cada uma desempenha na Maçonaria. Quer dizer também que, em virtude desse poder, o Grão-Mestre, na Maçonaria, é onipresente, onividente e onisciente, e, visto ser o Chefe Supremo da Ordem Maçônica, está sempre presente, tudo vendo e tudo sabendo.

— Explicai as demais joias.

— As três principais são: o compasso, o nível e o prumo. Sobre as mesmas já discorremos anteriormente, dando as suas significações que, como joias do Venerável Mestre, 1º e 2º Vigilantes, têm a mesma significação. Quanto às outras, representam os diferentes cargos em Loja e não possuem significação esotérica.

— Nos primeiros tempos, onde se reuniam as Lojas?

— Nas altas montanhas ou nos vales profundos; principalmente no vale de Josafá e outros igualmente secretos.

— Por que se reuniam nas altas montanhas e nos profundos vales?

— Para melhor fiscalizarem os profanos que subiam ou desciam, para não serem surpreendidos nos seus trabalhos, tendo tempo de encerrá-los e retirar as joias, uma vez avisados da aproximação de algum profano.

— Ainda sobre as joias desejaria uma explicação mais ampla das três superiores, de que se revestem o Venerável Mestre, 1º e 2º Vigilantes e qual a sua significação maçônica.

— Pois bem, temos o esquadro, o nível e o prumo.

— Explicai o esquadro.

— O esquadro significa que devemos regular nossa conduta e nossas ações pela linha e pela régua maçônica, corrigindo-nos e procurando harmonizar-nos nesta vida, para nos tornarmos dignos do Ser Supremo, de cujo poder tudo emana, e a quem devemos prestar estritas contas de nossas ações, palavras e pensamentos. O nível ensina-nos que todos somos da mesma origem, ramos de um só tronco e participantes da mesma essência. Porque, se é preciso que existam distinções entre os humanos, para restabelecer a devida subordinação ao mérito de cada um, não há posição, por mais elevada, que possa fazer esquecer ao maçom que todos somos irmãos; e que aquele que se acha colocado embaixo, no último raio da roda da fortuna, se é virtuoso, é tão merecedor do nosso respeito e carinho como aquele que se acha colocado bem alto nessa mesma roda da fortuna. Deve chegar o momento (e o mais sábio não conhece quando) em que desaparecerão essas distinções do mundo e em que a morte, essa grande e inevitável niveladora de todas as efêmeras grandezas humanas, reduzirá todos ao mesmo estado, permanecendo somente na memória dos pósteros os atos de virtude. O prumo que, como a escada de Jacó, forma o traço de união entre o céu e a terra, é o critério da retidão moral e da verdade, ensinando-nos a marchar com firmeza e direitos ao Ser Supremo, não nos desviando da estrada da virtude, não nos deixando dominar pela avareza, injustiça, perversidade e inveja, devendo conduzir o batel da vida com a mão firme no leme, não abandonando nunca a bússola que o guiará aos mais altos graus da perfeição a que criatura humana pode aspirar, porque, assim como o obreiro maçom levanta a sua coluna pelo nível e pelo prumo, do mesmo modo deve conduzir-se na vida de relação, tendo sempre em vista a balança da justiça, pesando nela as suas próprias ações, tendo diante de si a eternidade, com o olhar fixo no esquadro, no nível e no prumo, símbolos de moralidade, igualdade e retidão.

— Dizem que estas três joias são móveis; por quê?

— Porque as usam o Venerável Mestre e os Vigilantes, e estes as transferem aos seus sucessores nas solenidades da posse das novas administrações.

— Como aprendem a trabalhar na Loja os novos iniciados?

— Nas três pedras.

— Como se chamam e o que significam essas três pedras?

— Denominam-se: — pedra de traçar, pedra tosca e pedra perfeita. A pedra de traçar representa o quadro de uma loja. Ali se acham inscritos todos os obreiros de que se compõe uma oficina e, sendo de uso do Venerável Mestre, nela traça os seus desenhos e linhas que são as suas instruções, as quais todos os obreiros devem obedecer. A pedra tosca para uso dos aprendizes, ensina-lhes a dar os primeiros passos da esquadria e do quadrilongo, e a pedra perfeita ou talhada, que é aquela em que já trabalham os companheiros mais experimentados, aguardando elevação aos graus superiores, quando tenham dado provas de seu adiantamento.

— Por que devem ser imóveis essas pedras?

— Porque se acham fixadas nas Lojas, para uso e instrução dos irmãos.

— Dadas as formas das Lojas maçônicas e competentemente adornadas, a quem dedicadas?

— Em primeiro lugar, ao serviço do Grande Arquiteto do Universo.

— E depois?

— Ao rei Salomão,

— Por quê?

— Porque esse soberano poderoso foi o primeiro que protegeu a Maçonaria, colocando-se à frente e que, com o seu grande zelo maçônico, ajudado pelos irmãos, edificou o maravilhoso Templo, consagrado ao Supremo Arquiteto; e que, com sua grande sabedoria, imprimiu forma completa aos trabalhos maçônicos, e de tal maneira que chegaram intactos até nós em nossos dias. Esperamos que, com a proteção do Supremo Arquiteto, continuem sempre da mesma forma para os nossos sucessores nos séculos vindouros.

— Depois de consagrado o Templo ao Supremo Arquiteto e dedicado ao rei Salomão, foi dedicado a mais alguém?

— Sim. A Zorobabel.

— Por que a Zorobabel?

— Porque Zorobabel, com o seu grande zelo, trabalhou na reedificação do Templo, conseguindo reencontrar a PALAVRA PERDIDA para os mestres da Maçonaria.

— E ainda depois de Zorobabel, a quem foi também dedicado o Templo?

— A são João, o Batista.

— Por quê?

— Porque este irmão, que foi o precursor do SALVADOR, com a sua grande fé no futuro da Maçonaria, arrostou grandes perigos, padeceu a morte pela degolação, propagando as santas doutrinas e pregando no deserto, excitando os povos ao arrependimento, traçando a linha reta da senda que, mais tarde, foi percorrida em toda sua extensão por nosso irmão Jesus o Nazareno.

— Mais algum outro irmão teve a dedicação do Templo?

— Sim. São João, o Evangelista.

— E por quê?

— Porque este irmão, com a sua sabedoria e prudência, deu feliz terminação aos trabalhos maçônicos que são João, o Batista, com seu destemor, tinha iniciado, traçando uma linha paralela à de são João, o Batista.

— Podeis fazer um breve histórico, neste sentido, das nossas tradições maçônicas?

— Posso fazê-lo. E começarei pelo seguinte: Os trabalhos da Maçonaria Universal, cuja origem se perde nos tempos mais remotos, tomaram grande vulto nos períodos patriarcais de Abraão, Isaac e Jacó; devido à expatriação de Jacó, a terra de Pandanharam deu iniciação nos sagrados mistérios. Rebeca, mulher de Isaac, conhecia a superioridade do talento de seu segundo filho Jacó sobre o seu primogênito Esaú, e por isso rogou tanto a seu marido a concessão àquele do misterioso e precioso dom que o patriarca possuía, que este acedeu, resultando daí uma grande inveja por parte de Esaú, acreditando-se menosprezado pelo pai. Jacó, por sua vez, transmitiu esse poder misterioso a seu filho José, que gozou grande prestígio entre os faraós no Egito, e o predomínio foi-se estendendo sempre de maneira notável até a edificação do Templo por Salomão. Desde a edificação do Templo até o cativeiro de Babilônia, foi este dedicado a Salomão; na reedificação do Templo, foi dedicado a Zorobabel, por ter recobrado a forma perdida, até a vinda do Messias, e deste até a destruição do mesmo Templo pelo feroz Tito, filho do imperador Vespasiano, sendo depois dedicado a são João Batista. Nessa época, devido às grandes perseguições e atrozes martírios executados aos adeptos da Sublime Ordem, esta teve que sofrer entraves à sua marcha, decaindo um pouco, até que, apaziguado o furor dos perseguidores, celebrou-se um concílio maçônico na cidade de Benjamim, decidindo-se então despertar de novo a Maçonaria, deliberando-se enviar uma deputação de irmãos mais eminentes a são João, o Evangelista, nessa ocasião, bispo de Éfeso, rogando-lhe aceitar o cargo de Grão-Mestre. Esse venerável irmão respondeu que, achando-se já em avançada idade, temia que as suas forças não lhe permitissem cabal desempenho de tão árdua tarefa, naqueles tempos de lutas contra um resto de perseguições. Mas o seu grande amor à Ordem o fez aceitar o pesado encargo. Assim fez, presidindo os destinos da Maçonaria e concluindo com sabedoria e prudência o que são João, o Batista, havia começado com zelo e fervor, até que a morte o veio roubar dessa gloriosa missão. Desde então os maçons dedicam seus trabalhos tanto a um como ao outro.

Sexta parte

— Quais são os grandes princípios universais em que está baseada a Maçonaria?

— Amor fraternal, Auxílio e Verdade.

— Como compreende o maçom o amor fraternal?

— O amor fraternal ensina-nos a encarar toda a espécie humana como uma única família: o forte e o fraco, o rico e o pobre, todos são criaturas do Todo-Poderoso, enviadas ao mundo para se sustentar, auxiliar e proteger mutuamente. Cultivando incondicionalmente este grande princípio de solidariedade humana, a Maçonaria consegue unir os homens de todos os países, crenças, seitas filosóficas, posições sociais, de todas as opiniões enfim, contanto que obedeçam aos soberanos princípios do Amor fraternal. Faz cultivar uma verdadeira e sincera amizade entre os homens que, de outra forma, ficariam separados e perpetuamente distanciados uns dos outros, por motivo de suas variadas e múltiplas convicções.

— Qual é a forma do auxílio maçônico?

— Socorrer os necessitados é um dever inerente a todos os homens, mas especialmente aos maçons esse dever sobe de ponto; devemos, por isso, estar sempre unidos pelos laços indissolúveis do sincero afeto e amor fraternal. Daí decorre que, no maçom, o seu maior dever é consolar o desgraçado, interessar-se pelos infortúnios alheios, compadecer-se das desventuras, procurando devolver a paz aos espíritos aflitos. É este um dos seus principais objetivos que devem ter sempre em vista; é esta a base principal sobre a qual se acha fundada a nossa Sublime Ordem, decorrendo daí todas as relações de sincera amizade que une os maçons entre si, em toda superfície do planeta.

— Que pensam os maçons sobre a verdade?

— Que é um atributo divino fundamentado em todas as virtudes. Ser leal e verdadeiro é o que se exige logo no princípio da iniciação maçônica. Estabelecida a Maçonaria dentro deste grande princípio, a hipocrisia e a falsidade devem ser desconhecidas entre os verdadeiros irmãos maçons, tornando-se caracteres distintivos a sinceridade e a franqueza, servindo de traço forte de união entre os nossos pensamentos e o coração, isso para engrandecimento da Maçonaria em geral.

— Na posição à ordem, quando reunidos os maçons, quantas formas originais representam?

— Três: garganta, peito e pés.

— A que querem aludir essas três formas?

— A gutural refere-se à palavra sagrada, a qual começa pela letra J∴ nos ritos adonhiramita e moderno; e essa primeira forma quer dizer que — "Mais fácil será me cortarem a garganta do que eu revelar os segredos a mim confiados". A do peito indica que é no coração que os maçons devem guardar os segredos da Maçonaria. A dos pés significa que, estando estes em esquadria, formando ângulo, todo maçom deve ser justo, verdadeiro e corajoso.

— Têm ainda outra significação essas três formas da posição à ordem?

— Sim. Representam: força, temperança e prudência.

— Explicai-as.

— Força é aquela nobilíssima e firme intenção da alma que, embora distinta da temeridade, fortalece o homem para suportar todo trabalho, sofrimento, prejuízo ou dificuldades, desde que se tornem necessários. Essa virtude deve estar profundamente impressa no peito de todo maçom, como sustentáculo e segurança contra todo ataque ilegal, contra toda violência, ameaça ou agressão; especialmente para resistir contra quem quiser obrigá-lo a revelar os sagrados segredos que jurou ocultar e cuja revelação constituirá tormento contínuo à consciência do maçom perjuro, que prometeu guardar religiosamente no momento da sua iniciação, quando tinha as pontas do compasso maçônico, símbolo da retidão, encostadas ao peito. Temperança significa que o maçom deve tornar o corpo obediente, dominando-o contra as paixões e os vícios, libertando a nossa imaginação, pelo poder da vontade, de todas as riquezas. Essa virtude deve ser constantemente exercitada pelo maçom, evitando os excessos e costumes licenciosos que, insensivelmente, conduzem o homem à perdição, levando-o muitas vezes a trair seus compromissos relativos à Sublime Ordem e a faltar à sua honra. A Prudência nos ensina a regular as nossas ações pela reta razão; estabelece o justo critério pelo qual o maçom julga todas as coisas que se referem ao seu bem-estar, material ou moral, concorrendo para a felicidade de todos os irmãos. É um dos característicos mais salientes entre os maçons; a prudência deve ser a sua companheira inseparável, não somente em reunião nas Lojas, como também na sua vida em relação ao mundo profano. Essas três formas integram-se maçonicamente no maior de todos os atributos divinos e humanos:

A JUSTIÇA

Esta nos ensina a dar a cada ser humano o que merecidamente lhe é devido; e isso sem distinção de nenhuma espécie ou categoria.

A justiça, apoiando-se na lei moral e divina, é também a balança em que se pesam todas as manifestações do gênero humano, servindo de fundamento à sociedade civil.

Sem o exercício perfeito deste atributo, a confusão seria universal, a força bruta esmagaria toda e qualquer tentativa de liberdade, aniquilando os princípios de equidade e fazendo desaparecer o trato social.

Como não pode ser homem de bem o que não é justo, por essa razão o maçom deve praticá-la continuamente, não se desviando jamais da mínima parcela, tendo sempre presente que, na sua iniciação, foi colocado na coluna do Norte e posto em esquadria pelo Venerável Mestre, saudado como irmão maçom e reconhecido com todos os predicados morais indispensáveis ao legítimo maçom.

Sétima parte

— Existe mais de uma Maçonaria?

— Presentemente, não.

— Quereis dizer com isso que já existiram várias formas de Maçonaria?

— Precisamente várias formas, não; porque a Maçonaria tem sido sempre uma, através do tempo e do espaço. Entretanto, não raro, tem sido obrigada a adotar em seus trabalhos certas modalidades, incumbindo a determinadas classes sociais a realização de funções diversas para melhor efetividade do seu programa no mundo profano.

— E a Maçonaria sempre assim se denominou?

— Não.

— Como assim?

— Certamente. A nossa Sublime Instituição, como um perfeito e bem disciplinado aparelho social, funcionando através de todas as civilizações por que têm passado as diferentes humanidades que povoaram o planeta, como um dos mais surpreendentes organismos vivos, acompanha *pari passu* todas as belas e notáveis conquistas da espécie humana, realizando entre os irmãos e refletindo no mundo profano as maravilhosas leis da evolução geral a que está submetida toda a natureza. Nesta conformidade, tendo por base os fins que a originaram e sendo pedra angular de todo o colossal edifício que servirá de habitação aos que, já emancipados e perfeitos, mereçam ser recebidos no Templo glorioso, a Maçonaria por vezes tem tido outras denominações.

— Podeis dar algumas dessas denominações, pelo menos aquelas que mais perduraram nas diferentes civilizações?

— As que mais tradições deixaram sobre o planeta, pelas notáveis influências que a Sublime Ordem exerceu sobre o orbe e pelas suas filiações históricas, são: a dos MAGOS DO EGITO, que sobreviveu sempre durante as catorze dinastias dos faraós, na civilização egípcia, até a retirada dos israelitas à terra da promissão, chefiados pelo nosso mais antigo Venerável Mestre Moisés. No período mosaico, denomina-se GUARDAS DO TABERNÁCULO ou LEI DAS DOZE TÁBUAS, e assim permanece durante toda a civilização hebraica. Com a construção do "Grande Templo" para o qual trabalharam o rei Salomão; Hiram, rei de Tiro, e Hiram Abiff, o arquiteto, iniciada já a civilização judaica, é a Ordem Maçônica, pouco a pouco, modificada para o evento do maior de todos os Grandes Iniciados, e constitui-se então a dos ESSÊNIOS. Em meio dessa corrente que domina toda a Palestina, atravessa o Eufrates, e vai em plena civilização grega instituir a ordem dos PITAGÓRICOS, despertando em todos a crença na imortalidade da alma.

Assim permanece, durante alguns séculos, a Maçonaria, executando infatigavelmente o trabalho de desbravamento das consciências, para implantação da santa doutrina de Jesus.

O precursor João Batista é o encarregado de anunciar a vinda do Messias, e sofre, por isso, morte violenta.

Nasce Jesus na Galileia, ponto quase ignorado da terra e região mais obscura em plena suntuosidade judaica. Herodes manda matar os inocentes e nosso irmão José, da tribo de Davi, descendente de José, Jacó, Isaac e Abraão, é disso avisado e conduz seu filho ao Egito; aos doze anos, Jesus discorre entre os doutores da Lei e, em seguida, desaparece.

Há agora, aqui, um longo lapso de dezoito anos em que o Divino Mestre desaparece, nada mais se sabendo dele, até que reaparece aos trinta anos, quando institui o apostolado sublime.

— Sabeis alguma coisa sobre esse desaparecimento do nosso Divino Mestre?

— Dois arquivos da Maçonaria, religiosamente conservados pelos sábios monges do Tibete, no Himalaia, aos quais foram confiadas não só as tradições como também vasta documentação da Maçonaria egípcia, consta a passagem de Jesus entre aqueles sábios monges tibetanos, e há alguns anos, um nosso irmão russo, de nome Nicktowysk, compulsando esses documentos da antiguidade, neles encontrou a permanência de Jesus, durante anos, no convento do Tibete, sendo ali conhecido pelo nome de Profeta Issa.

Naturalmente, concluída a sua maravilhosa iniciação, tendo ao seu dispor as faculdades todas com que poderia desvendar todos os segredos, mesmo os mais recônditos arcanos da vida, Jesus desce do Himalaia e regressa à Palestina, realizando a sua gloriosa tarefa de aproximação do gênero humano ao Supremo Arquiteto.

Durante três anos, prega o evangelho da verdade e da justiça, assombra a humanidade com os seus prodígios e cimenta a obra de Deus com o seu martírio, deixando aos séculos futuros o ternário invencível da liberdade, igualdade e fraternidade: três colunas inextinguíveis que amparam os habitantes do globo terrestre e que os integralizará totalmente, quando souberem compreender e cumprir as sublimidades da divina doutrina do perdão, do amor e da caridade.

Com a crucificação de Jesus aos 33 anos, irradiam-se os cristãos por todo orbe conhecido. Seu emblema principal era um peixe — "Silêncio" — institui-se a Igreja Cristã, a qual nos primeiros séculos se conserva fiel às tradições legadas pelos antepassados maçons. Desfeito o traço de união, devido à excessiva interferência da Igreja nos assuntos de caráter temporal, muitos de nossos irmãos afastam-se e outros, se permanecem dentro do Templo, conservam-se inativos.

Com as Cruzadas, os dirigentes da Sublime Ordem procuram regressar aos pontos onde teve início o "Cristianismo", e ali, nessas tradicionais regiões onde teve começo a última etapa da Maçonaria, após a vinda de Jesus, instalam a ORDEM DOS TEMPLÁRIOS, designação tomada então pelos maçons do templo.

Com o suplício de Jaques de Molay, Grão-Mestre dos Templários, justiçado por instigação do papa Clemente V, a Maçonaria entrou numa nova fase de ação.

A execução de Jaques de Molay foi o acontecimento que causou a mais profunda impressão no mundo inteiro, já pelas circunstâncias trágicas que o rodearam, já porque, entre os Juízos de Deus, cuja invocação várias vezes se verificou, o apelo feito pelo Grão-Mestre dos Templários, citando o papa Clemente V perante o tribunal de Deus e marcando o prazo, que se confirmou, do comparecimento daquele para dentro daquele mesmo ano, veio confirmar que a Ordem possuía ainda a maravilhosa faculdade transmitida de pais a filhos, desde Abraão até aquela época.

De fato, no momento de subir ao cadafalso, o Grão--Mestre dos Templários bradou: — "Morro inocente dos crimes que me imputam; o meu maior e único acusador está em Roma, é o papa; apelo para o Juízo de Deus e cito o papa Clemente V a comparecer perante esse tribunal dentro deste mesmo ano". E foi assim que, naquele mesmo ano, falecia também o único inimigo de Jaques de Molay: o papa Clemente V.

Foi justamente com os Templários que a Maçonaria deu início à sua nova orientação, oferecendo e continuando por todos os séculos combate tenaz aos elementos do obscurantismo e da intolerância, sustentáculos da tirania.

— Falastes em obscurantismo e intolerância: como compreendem os maçons esse mal social?

— Os verdadeiros maçons devem dar combate tenaz a toda e qualquer confissão religiosa, convicção política ou princípio científico, cujo fim seja fazer retroceder a humanidade.

— Portanto, em assunto de religião?

— A Maçonaria, com seu espírito de tolerância, aceita todos os credos religiosos; por isso, não pode permitir a supremacia de qualquer religião sobre as demais.

Há pouco dissestes que, com a execução do Grão-Mestre dos Templários, a Maçonaria tomou outra orientação; explicai isso.

— Houve um longo período histórico em que a nossa Sublime Ordem, perseguida injustamente nos países onde se professava o Cristianismo — não, porém, o Cristianismo primitivo, aquele tal qual no-lo ensinou Jesus — teve necessidade de adotar novos processos para manter impolutas as tradições maçônicas; na França, na Espanha, na Itália, principalmente em Portugal e na própria Inglaterra, países, mais ou menos dominados pelo poder temporal do papado, a Maçonaria era muito perseguida, a ponto de ser considerado herege, excomungando e logo justiçado todo aquele que fosse acusado de convivência maçônica. Pouco a pouco, foi-se operando um segundo êxodo dos nossos irmãos que, em busca de liberdade, se dirigiam mais para o Norte da Europa, onde a intolerância religiosa se achava mais atenuada, em vista das ideias reformistas que, sobre a questão religiosa, a Renascença vinha restabelecendo. Por isso mesmo, os princípios evangélicos iam reerguendo a verdadeira doutrina cristã.

Nessa época, surgem em alguns pontos da Alemanha de então, várias tentativas para a reorganização dos trabalhos maçônicos; e, com a agremiação dos Rosa-cruzes, os trabalhos da Maçonaria recobram força e vigor.

Swedenborg é então incumbido da reorganização da Ordem Maçônica. Entendeu esse nosso ilustre e operoso irmão, para dar cabal desempenho à sua gloriosa tarefa, fazer reviver entre os maçons a antiga Maçonaria egípcia, agregando-lhe tudo quanto à Maçonaria pertencera, desde os magos dos tempos dos faraós, moiseísmos, pitagóricos, cristianismo e templários, porém, transformando todos os seus adeptos, ao mesmo tempo, em verdadeiros operários manuais, isto é, nenhum maçom poderia ser Rosa-cruz, a maior nobreza maçônica daquela época, sem que tivesse exercido, ainda que transitoriamente, a profissão de arquiteto e muito especialmente tivesse trabalhado em arte de alvenaria, na qual fosse obrigado a empregar o esquadro, o nível e o prumo.

Os Rosa-cruzes constituíam, então, uma espécie de classe maçônica privilegiada, e esta classe, sobre cujos ombros pesavam os destinos da Ordem, tinha toda a responsabilidade e, consequentemente, possuía completa autoridade em qualquer ponto onde brilhassem sem as irradiações do triângulo fulgurante.

Com o perseverante esforço e a tenaz confiança no êxito da sua obra, esses nossos irmãos, pouco a pouco, se foram novamente espalhando pelo sul e oeste da Europa, preparando e desbravando a larga estrada por onde, mais tarde, deveriam seguir os novos pioneiros da liberdade, implantando-se, afinal, em pleno coração da civilização ocidental, os princípios da liberdade, da igualdade e da fraternidade, com a decretação dos Estados Gerais em França, dos direitos do homem e do cidadão.

Quer dizer, portanto, que a nossa Sublime Ordem, representada ao tempo pelos Rosa-cruzes, não foi indiferente a toda aquela estupenda luta da Reforma; acompanhou-a *pari passu*, não raro intervindo formalmente, como tribunal superior, na solução dos magnos problemas sujeitos ao seu critério.

Na Hungria, com João Huss; na Suíça, com Swinglio; na Alemanha, com Lutero; na Itália, com Savonarola e Giordano Bruno; na Inglaterra, com Tomás More, e na própria França, com Calvino e outros, vai-se preparando o advento de uma nova era de conquistas sociais, sendo certo que, na França, na célebre noite de são Bartolomeu, 24 de agosto de 1572, com a matança dos huguenotes, precipitaram-se os acontecimentos de tal forma que o feudalismo, abalado nos seus fundamentos, cede pouco a pouco, ruindo afinal por terra, estrondosamente, aos golpes dos enciclopedistas, a 14 de Julho de 1789, em que toda a humanidade reconquista os seus direitos, após catorze séculos de opressão.

Passam os dias do terror, esse período sanguinolento em que as massas, provocadas e mal contidas pelas tradições das castas privilegiadas até então e que, dificilmente, queriam convencer-se de que uma nova ordem social acabava de implantar-se, cimentada anteriormente pelo sangue, pelas lágrimas e pelo martírio de milhares de milhões de seres sacrificados à prepotência tirânica da aristocracia e do clero. Passam os anos do domínio napoleônico, cujo gênio de guerra, representada na pessoa de Napoleão Bonaparte, infunde terror, espanto e medo aos inimigos da Liberdade, mas, ao mesmo tempo rompe grilhões que algemavam os outros povos ao preconceito, ao obscurantismo e à intolerância, sacudindo, enfim, todo o planeta terrestre nas bases de sua anterior constituição social. A humanidade contempla jubilosamente o alargamento das linhas estreitas dos seus horizontes e, em uníssono majestoso, de Norte a Sul e de Oeste a Este, um clamor único vibra em todas as almas humanas, na doce esperança de dias melhores em futuro próximo.

E, de novo, como mil setecentos e oitenta e nove anos antes, toda a natureza, imantada por uma só vontade, entoa a celestial harmonia ouvida pelos humildes pastores de Belém:

GLORIA IN EXCELSIS DEO!!

Que foi essa obra estupendamente inenarrável?

O trabalho das vítimas do despotismo? A filosofia dos direitos humanos espalhada nas massas pelos grandes enciclopedistas, desde Voltaire, Rousseau, Descartes e tantos outros? Foi o verbo inflamado de Mirabeau, de Danton, Desmoulins e tantos outros representantes do terceiro estado, o povo?

Sim, foi tudo isso; mas por quê? Quem os impeliu e quem os amparou nessa obra gigantesca, numa época em que era crime mesmo pensar, quanto mais falar e escrever? A Maçonaria. A nossa Sublime Ordem, naquele memorável momento histórico para a humanidade, representada pela figura até hoje execrada pelos sucessores das castas privilegiadas, porém para todo maçom sincero, personagem gloriosa, desinteressada, altiva, operosa e genial, que adotara o nome de José Bálsamo e Conde Cagliostro, então Grão-Mestre da Ordem, e que, partindo do seio dos Rosa-cruzes, vem, em missão especial, ativar o trabalho de remodelação social e guiar as massas nas memoráveis jornadas para a reconquista dos direitos do homem.

Sua divisa era:

LILIA PEDIBUS DESTRUE

— e com esta divisa lançou os fundamentos da atual Maçonaria que, conservando as tradições históricas da sua origem e permanecendo fiel à sua filiação com os Rosa-cruzes, denominou-se durante quase cem anos — Franco-Maçonaria.

A personalidade de José Bálsamo foi, e ainda é, de quando em vez, ridicularizada por um ou outro ingrato ignorante que, desconhecendo o alto mérito do serviço prestado por aquele nosso valoroso irmão e chefe, pretende atirar-lhe ápodos e escárnios, que passam como o coaxar dos sapos, quando, dos pântanos onde habitam, julgam insultar o Sol, que produz calor demasiado nos charcos. Mas o Astro-rei passa serenamente impávido, gravitando na sua órbita de ouro e de luz, vivificando toda a natureza e, imperturbavelmente, sustentando toda a máquina celeste e ao redor da qual gravitam esses milhares de milhões de astros para os quais os batráquios não significam sequer a vida no seu aspecto cintilante das aspirações superiores, porque o sapo é produto do lodo e vive na lama dos charcos.

Depois, quando nos lembramos de que, ainda nos nossos dias, infelizes existem que pretendem meter a ridículo a entidade divina de Jesus de Nazaré, nos conformamos e rogamos para que lhes aconteça o que o Divino Mestre pedira ao Supremo Arquiteto: "Perdoai-lhes, Pai, porque eles não sabem o que fazem!".

Com a queda de Napoleão I, depois da memorável batalha de Waterloo, o mundo inteiro passa por uma nova, profunda e radical transformação. Os governos que ainda procuravam manter-se no absolutismo cedem terreno às novas ideias de liberdade do povo, e este consegue impor a sua vontade, enviando aos parlamentos os seus representantes diretos.

Era o trabalho da Maçonaria que se fazia sentir através de todas as manifestações populares.

Uma nova ordem de acontecimentos desdobra-se sobre todo o planeta, e a secular inimiga do povo vê, pouco a pouco, o terreno faltar-lhe sob os pés, obscurantismo é combatido tenazmente, fornecendo amplo campo a todas as aspirações.

Entre os povos mais cultos, uma nova civilização se implanta, os apanágios de castas desaparecem e a todos os homens é dado aspirar a qualquer posição social.

As ciências, as artes, as indústrias enfim, todo o conjunto de vantagens que o mérito pode proporcionar ao homem, passa a ser uma realidade, desaparecem os preconceitos das raças privilegiadas. Já não há senhores, já não há servos nem vassalos, — o povo, compreendendo a célebre frase de Mirabeau, quando na memorável sessão no jogo da pela, em Paris, dizia: "Os grandes só nos parecem grandes porque estamos de joelhos; levantemo-nos, pois". De fato, o povo ergueu-se e, daí em diante, somente são grandes os que conseguem a consagração popular.

Em face de uma tão radical transformação na ordem social, a Maçonaria, como um verdadeiro organismo vivo que é, e representante das mais nobres e elevadas aspirações humanas, sofre também a injunção do progresso das suas próprias ideias e, naturalmente, um período de transição opera-se no seio, passando a denominar-se, no século XVIII, Franco-Maçonaria.

José Bálsamo, ou Conde Cagliostro, como era geralmente conhecido nos países por onde viajou, mas, para os maçons, venerado e obedecido como Grão-Mestre da Ordem; homem ilustradíssimo, conhecedor de todas as ciências do tempo, poliglota profundo, sabendo falar todas as línguas ocidentais e mesmo as orientais, assim como o hebraico, o árabe antigo e o egípcio, pois deixou vários hieróglifos explicados que mais tarde foram confirmados pelos orientalistas ingleses e franceses, hieróglifos esses que José Bálsamo traduziu nas pirâmides e dos palimpsestos egípcios, foi a alma e o cérebro da maior de todas as transformações sociais.

Homem dotado de uma energia singular, ativo, inteligente, com seguro e vastíssimo preparo científico, assombrava, cativava e dominava pela sua ação pronta e enérgica e pela forma clara e decisiva com que resolvia todos os problemas.

Aterrorizando os adversários que pretendiam opor-se à implantação das novas ideias de liberdade, José Bálsamo era tenaz e ferozmente perseguido pelos inimigos do povo, porém, quando o procuravam na Alemanha ou na Áustria, já ele se achava na Inglaterra ou na França e vice-versa.

Era notável o poder da sua vontade inquebrantável, extraordinária a dispersão da sua constante atividade. Tratando de todos os negócios direta e pessoalmente, entendendo-se com todos os filiados nas suas próprias línguas, quer falando e quer realizando as suas notáveis conferências nas reuniões, onde, com a eloquência da sua palavra, sempre criteriosa e encantadora, arrebatava os espíritos e arrebanhava em todas as classes adeptos à causa da libertação das massas, José Bálsamo tornou-se a figura mais necessária.

Deixando-se prender algumas vezes e submetido a julgamentos mais ou menos insidiosos e não raro cruéis, José Bálsamo saía sempre vitorioso nesses julgamentos e, frequentemente, arrastando os próprios juízes às fileiras da bandeira desfraldada por esse estupendo gigante de ação e amor à humanidade.

Cumpriu gloriosamente a sua tarefa e trouxe durante longos anos, sobre seus ombros robustos, o peso da maior responsabilidade que foi dado a um homem assumir.

Acusam-no de usar, por vezes, processos censuráveis para consecução dos ideais que representava; mas, quando assim fosse, precisamos não esquecer que, em um meio corrupto qual era o que se observava em todos os países da Europa, cercado de todas as perfídias, traições e perigos, qual homem seria capaz de pôr obra em tal encargo, sem usar, às vezes, de métodos idênticos aos dos seus inimigos?

Numa época de constantes assassinatos e corrupções, somente o interesse sob quaisquer de seus aspectos e o temor, o mais profundo, poderiam cooperar na realização da grandiosa obra de transformação social, de que José Bálsamo se achava encarregado.

Eis por que o Grão-Mestre da Ordem dos Rosa-cruzes trazia a divisa: LILIA PEDIBUS DESTRUE — *Era preciso destruir para reconstruir*. Não eram homens que se opunham à difusão das novas ideias; eram tropeços que precisavam ser removidos; era a causa da liberdade que estava em jogo e, sob a ideia dominante do princípio libertário, tudo o mais tinha de desaparecer como verdadeiras bolhas de sabão.

O que foi essa luta titânica no-lo ensinam as páginas da história da humanidade naqueles tempos memoráveis, em que as maiores dedicações correram parelhas com as maiores tiranias. A ação provocava a reação e esta não respeitava sentimentos de família nem sequer os princípios de solidariedade humana. Como agir, pois, em semelhante estado de coisas, quando a maioria dos homens descera às mais baixas manifestações da animalidade?

Exigiu-se ainda algum tempo para que a Maçonaria conseguisse também a sua transição, modelando-se pelos métodos que a nova ordem social, sua própria obra, lhe impusera.

A Maçonaria, compreendendo então que o antigo rito de MÊNFIS-MIZRAIM, transportado do Egito por José Bálsamo, assim como o ADONIRAMITA, já se não compadeciam com a evolução do mundo transformado reunindo os Rosa-cruzes por toda a terra, por meio de suas delegações, reorganiza-se criando para cada núcleo, representado pelas necessidades e aspirações de cada centro, os diferentes ritos, hoje em plena atividade.

A Maçonaria deixa, então, de ser exclusivamente operativa, isto é, desaparece a necessidade de serem os seus membros verdadeiros operários construtores e passa a ser optativa.

Revivem-se as práticas ritualísticas do rito escocês, o mais antigo; criam-se os ritos Schoeder, de York, o moderno ou francês e alguns outros mais ou menos ecléticos.

No atual momento histórico da Maçonaria, é esta a sua organização e denominação.

— Muito bem. Sois, portanto, um maçom livre e aceito?

— Perfeitamente, uma vez que pertenço à Maçonaria optativa e operativa.

— Dizei-me o que é que tendes aprendido nessa Maçonaria.

— A discrição, a moralidade e a fraternidade, na optativa.

— E na operativa?

— As regras úteis da arquitetura, para que todo o edifício tenha forma, força e beleza, e justas proporções em todos os detalhes.

— Exercendo as duas qualidades maçônicas, onde as aprendestes?

— Nas Lojas, trabalhando sobre a esquadria, respeitando o Venerável Mestre e mais Dignidades da Ordem, não tomando parte alguma em discussões religiosas ou políticas, que possam criar dissensões na Loja e que concorrem para o descrédito da própria Ordem.

— Em que grau maçônico temos tratado?

— No primeiro grau, ou seja, no de aprendiz.

— Quanto tempo deve um aprendiz trabalhar para obter aumento de grau?

— Antigamente, sete anos; atualmente, porém, treze anos; pode, no entanto, conseguir em menor prazo conforme seu mérito ou zelo.

— Como deve trabalhar um aprendiz?

— Com independência, fervor e inteligência.

— Quais são os emblemas do aprendizado maçônico?

— O gesso, o carvão e a argila.

— Por quê?

— Não há nada mais útil para o uso dos traços, porque, sob a mais leve pressão, o gesso deixa o seu traço; nada mais próprio a produzir calor do que o carvão, sobre o qual se derretem todos os metais; e nada mais significativo do carinho e da dedicação do que a argila, que, sendo a qualidade da terra mais homogênea, significa que a nossa mãe comum, a Terra, trabalha constantemente para nos alimentar e nos receber carinhosamente em seu seio, quando deixamos a vida terrena.

— Que vantagens têm os filhos dos maçons?

— A de poderem ser recebidos na Maçonaria antes da idade marcada para os profanos, assim como, se no ato de sua iniciação concorrerem outros candidatos, os filhos dos maçons têm preferência, por mais elevada que seja a dignidade ou categoria profana dos estranhos.

— Por que nos chamamos maçons livres e aceitos?

— Porque somos recebidos de nossa livre e espontânea vontade e aceitos da mesma forma.

— Quando um maçom se extravia, onde esperais reencontrá-lo?

— Entre o esquadro e o compasso.

— Por quê?

— Porque todo maçom trabalha com o esquadro da retidão, conservando-se sempre diante dos limites traçados pelo compasso.

— Explicai essa alegoria.

— Como a Maçonaria se acha espalhada por todo o planeta, fácil é saber, por meio dos irmãos espalhados na superfície da terra, onde se encontra o irmão que desapareceu.

— Como se pode reconhecer um maçom durante o dia?

— Olhando e observando os seus sinais.

— E à noite?

— Recebendo-o no Templo e ouvindo a palavra sagrada.

— De que lado sopra o vento na Maçonaria?

— Favoravelmente sempre, isto é, do Oriente para o Ocidente.

— Por que se entende favorável o vento que sopra do Oriente para o Ocidente?

— Porque, quando o Criador julgou conveniente libertar o povo de Israel do cativeiro egípcio, ordenou a Moisés que o conduzisse às orlas do mar Vermelho, na extremidade do Egito. Faraó, receando perder os serviços de um povo tão útil, seguiu-o com um numeroso exército, para o fim de obrigá-lo a regressar.

Moisés, então, vendo a aflição do povo de Israel, pediu socorro ao Grande Arquiteto do Universo, e este lhe ordenou que estendesse o seu bastão de comando sobre as vagas do Mar Vermelho, do Oriente para o Ocidente, e logo se produziu fortíssimo vento que, separando as águas do mar, permitiu ao povo atravessar o seu leito a pé enxuto. Faraó, observando esse prodígio e querendo aproveitá-lo, ordenou ao seu exército que perseguisse os fugitivos, tomando Faraó a dianteira. Imediatamente, Moisés, estendendo de novo a sua vara sagrada sobre o mar e em sentido contrário, isto é, do Ocidente para o Oriente, o vento soprou em outra direção. Faraó, vendo nestes prodígios a vontade do Grande Arquiteto, quis recuar com o seu exército, porém já era tarde, acontecendo que ele e todo o seu exército ficaram sepultados sob as águas do Mar Vermelho, como castigo da sua falta de palavra, pois permitira a retirada dos israelitas em busca da Terra da Promissão. Comemorando esse importante acontecimento, Moisés e o povo de Israel permaneceram alguns dias na margem oposta do Mar Vermelho, dando graças ao Supremo Arquiteto do Universo. Desde então se considera sempre favorável o vento que, na Maçonaria, corre do Oriente para o Ocidente.

— Qual deve ser o distintivo de todo maçom, nos seus atos no mundo profano?

— Virtude, honra e caridade.

— Como se compreende a virtude?

— A virtude é o maior exercício, a perfeição da razão, a integridade, a harmonia e a justa balança dos afetos; a saúde, a força e a beleza da alma. A perfeição da virtude consiste em dar à razão a amplitude, para que obedeça aos ditames da consciência, exercendo as suas qualidades com força e justiça, em público, e com temperança, na vida privada, mas tudo com prudência, num justo limite, com calma e benevolência. Todo passo dado neste caminho é um degrau que sobe na perfeição moral e na felicidade pessoal. Fora desta doutrina e seus preceitos, somente se encontra o vício e a miséria.

A caridade é quase semelhante à virtude e deve ser consagrada por todo bom e verdadeiro maçom; é a companheira inseparável da honra; é a armadura invulnerável que defende toda vítima submetida ao falho julgamento dos humanos. É um dos principais atributos do Ser Supremo, ante o qual o mais sábio e magnânimo terá um dia de prestar as mais estritas contas e esperar a sua misericórdia. É, finalmente, um dever que o maçom tem de cumprir, até para com seus próprios inimigos. O Grande Arquiteto do Universo já nos tem ensinado, pela boca de todos os grandes iniciados, que serão "bem-aventurados os misericordiosos, porque também obterão misericórdia no dia em que os atos de sua vida mortal forem pesados na balança da eterna justiça".

A honra é o mais nobre e digno sentimento, o impulso da alma que a virtude pode inspirar. As ações de todo homem de bem e maçom devem ser regidas pela honra; tanto que as fórmulas, promessas e obrigações são ineficazes, quando faltam no homem estes princípios. A honra é o mais poderoso incentivo na realização das ações mais heroicas e desinteressadas; compadece com os sentimentos da fé, da verdade e da justiça; conduz a inteligência dos homens muito além das obrigações morais; faz mais do que as leis civis exigem. O homem religioso não comete más ações por temor; o homem de honra procede sempre bem, porque o mal lhe repugna à própria consciência.

Código maçônico

1º Adora o Grande Arquiteto do Universo.

2º O verdadeiro culto que se pode tributar ao Grande Arquiteto consiste nas boas obras.

3º Tem sempre a tua alma em estado de pureza, para que possamos aparecer, de um momento para outro, perante o Supremo Arquiteto.

4º Não sejas fácil em ceder à cólera, pois a ira é sinal de fraqueza.

5º Escuta sempre a voz de tua consciência.

6º Detesta a avareza, porque quem ama demasiado as riquezas nenhum fruto tirará.

7º Na senda da honra e da justiça está a vida; o caminho extraviado conduz à morte.

8º Faze o bem pelo próprio bem.

9º Evita as questões, previne os insultos e procura sempre ter a razão do teu lado.

10º Não te envergonhes do teu destino; pensa que este

não te honra nem te degrada. O modo como desempenhas tua missão é que te enaltece ou amesquinha perante os homens.

11º Lê e medita, observa e imita, reflete e trabalha; ocupa-te sempre do bem-estar de teus irmãos e trabalharás para ti mesmo.

12º Contenta-te com tudo e com todos.

13º Não julgues superficialmente as ações de teus irmãos e não censures ninguém. O julgamento pertence ao Grande Arquiteto, porque só Ele pode sondar os corações das criaturas.

14º Sê, entre os profanos, franco sem rudeza, superior sem orgulho, humilde sem baixeza; entre os irmãos, firme sem obstinação, severo sem ser inflexível e submisso sem ser servil.

15º Justo e valoroso, defenderás o oprimido, protegerás a inocência, não exaltando jamais os serviços prestados.

16º Exato observador dos homens e das coisas, somente atenderás ao mérito pessoal, seja qual for a camada social, posição e fortuna a que pertençam.

17º Se o Grande Arquiteto te dá um filho, agradece, mas cuida sempre do tesouro que te confiou. Sê para essa criança a imagem da Providência. Faz com que até 12 anos tenha temor de ti; até 20 anos te ame, e até a morte te respeite. Até os 12 anos, sê o mestre; até os 20, seu pai espiritual, e até a morte, seu amigo. Pensa mais em dar-lhe bons princípios do que belas maneiras; que te deva retidão esclarecida e não frívola elegância. Faze-o um homem mais honesto do que hábil.

18º Ama a teu próximo como a ti mesmo.

19º Não faças o mal, embora não esperes o bem.

20º Estima os bons, ama os fracos, atende aos maus, porém não ofendas a ninguém.

21º Sê o amparo dos aflitos; cada suspiro que a tua dureza provocar, são outras tantas maldições que cairão sobre a tua cabeça.

22º Com o faminto reparte o teu pão, aos pobres e forasteiros dá hospitalidade.

23º Veste aos nus, mesmo em prejuízo do teu corpo.

24º Respeita o peregrino nacional ou estrangeiro, auxilia-o sempre; a sua pessoa deverá ser sagrada para ti.

25º Não lisonjeies nunca o teu irmão; isso corresponde a uma traição, e se te lisonjearem, receia que te corrompam.

26º Respeita as mulheres, não abuses jamais da sua debilidade e muito menos penses em desonrá-las.

27º Fala moderadamente com os pequenos, prudentemente com os grandes, sinceramente com os teus iguais e amigos, docemente com os que sofrem, mas sempre de acordo com a tua consciência e os princípios de sã moral.

28º O coração dos justos está onde se pratica a virtude e o dos tolos onde se festeja a vaidade.

29º Não prometas nunca com intenção de não cumprir, pois ninguém é obrigado a prometer, mas prometendo, deve cumprir.

30º Dá sempre com satisfação, porque mais vale uma negativa delicada, do que uma esmola com humilhação para quem a recebe.

31º Suporta tudo com paciente resignação e tem sempre confiança no futuro.

32º Faze do teu corpo um templo, do teu coração um altar e do teu espírito um apóstolo do amor, da verdade e da justiça.

33º Concentra, ao menos uma vez por dia, todas as vibrações da tua alma no sentido de poderes estar em contato com o Supremo Arquiteto do Universo.

O grande arcano da Maçonaria

O SUBLIME △ (TERNÁRIO)

DESVENDADO PELO □ QUATERNÁRIO

RResp.·. e CCars.·. IIr.·.

PREPARAÇÃO

> A luz é boa em qualquer lâmpada em que brilhe. Uma rosa é bela, seja qual for o jardim em que floresça. Uma estrela tem a mesma luz, quer resplandeça no Oriente ou no Ocidente. — Abdul Baha.

PRIMEIRO QUATERNÁRIO

1º A Maçonaria, dirigindo-se ao homem, diz-lhe: "Todos sois folhas e frutos de uma só árvore". O mundo da existência outra coisa não é senão uma árvore; as nações e os povos são como os seus diferentes ramos, e os seres humanos são semelhantes aos seus frutos e flores. Assim devemos proclamar a unidade no mundo da humanidade, mergulhando-a no mar das grandezas divinas.

2º Nenhum homem deverá seguir cegamente os princípios de seus ascendentes; deverá investigar a verdade, abrir seus olhos para enxergar por si próprio, abrir seus ouvidos para ouvir diretamente por eles e abraçar o que determinar a sua consciência.

3º Em assunto de religião, esta deve ser uma em toda a humanidade para assim se realizar a completa fraternidade. Pondo de lado as imitações e procurando em seus fundamentos, encontraremos o caminho que nos conduzirá à verdadeira religião.

4º A religião não pode ser causa de inimizades e muito menos de ódio; se ela apoia a tirania e sustenta a injustiça, é falsa. É preferível a descrença do que seguir uma falsa religião; a descrença não prejudica as coletividades enquanto que a má religião produz iniquidades.

SEGUNDO QUATERNÁRIO

1º A ciência, a razão e a fé devem concordar perfeitamente entre si. As três precisam estar unidas indissoluvelmente. A fé cega é incompatível com a razão. A fé deve ser racional e concordar com a ciência perfeitamente: quando esta sanciona aquela, a razão humana se fortalece e a convicção se integraliza.

2º O gênero humano é um só; por isso não devem existir desigualdades entre o homem e a mulher, senão aquelas que decorrem das condições sexuais. Todo sistema, religioso ou filosófico, que considere a mulher inferior ao homem, é imperfeito. Um dia, a Maçonaria porá a mulher no mesmo pé de igualdade espiritual com o homem. Lembrai-vos de que a mulher é vossa mãe, vossa esposa, vossa filha, vossa irmã.

3º Todos os iniciadores da humanidade têm vindo ao planeta para unir os seres humanos e não para dispersá-los. É preciso pôr em ação os seus ensinamentos pela lei do amor; abandonai, pois, os preconceitos de raça, de pátria, políticos e religiosos. Trabalhai pela causa da unidade da espécie humana.

4º A paz, a grande paz universal, reinará um dia entre todos os povos; a realização desse grande princípio de fraternidade foi, é e será sempre a maior das aspirações do gênero humano. Esforçai-vos para que o advento da paz mundial seja, breve, realidade.

TERCEIRO QUATERNÁRIO

1º Torna obrigatória a instrução da infância; e quando todo o gênero humano possuir instrução, será capaz de compreender os sublimes ideais de solidariedade humana. Se a criança não tem quem providencie a sua instrução, a comunidade deve cuidar dela.

2º O bem-estar da humanidade consiste em suavizar o sofrimento; se o rico goza o seu repouso e os seus prazeres, circundado de luxo e abusando do supérfluo, deve contribuir para que o homem pobre possua uma moradia e seja provido de alimento, não sofrendo penúria. Enquanto isto não se verificar, não haverá felicidade no mundo. Lembrai-vos de que todos são iguais na estimação do Criador, e todos, ricos e pobres, serão julgados pela eterna justiça do Supremo Arquiteto do Universo.

3º Um só tribunal existirá para julgamento e solução de todas as dificuldades; todos deverão obedecer às suas decisões, porém esse tribunal somente funcionará nos assuntos em que estejam ligados os mais vitais interesses da coletividade humana. Para dirimir, porém, as questões individuais, existirão delegados especiais, entre os mais velhos e competentes, nomeados por grupos de chefes de família, que escolherão entre si o representante de seus interesses perante o tribunal único, e que será ao mesmo tempo, o juiz das questões que surgirem em cada agrupamento. Essa nomeação será perpétua na vida do delegado, que poderá indicar o seu substituto, mas com o assentimento de seus representados.

4º Duas línguas apenas existirão em todo o planeta: a do país onde nasceu o indivíduo e uma outra que será adotada por uma comissão nomeada de cada país. O idioma adotado será ensinado obrigatoriamente em todas as escolas e servirá como meio de comunicação entre os diversos povos do planeta. Dessa forma, a humanidade inteira terá apenas de aprender duas línguas, por assim dizer: a nacional e a universal.

Quando toda a humanidade se integralizar neste sublime TERNÁRIO, composto dos três QUATERNÁRIOS antes indicados, um novo ciclo do poder humano se verificará; todos os horizontes do mundo se alargarão e serão todos os seres alumiados pela luz do cintilante TRIÂNGULO FULGURANTE. O mundo se tornará como um jardim perfumado pelas belas flores. Será a hora da completa e perfeita unidade dos filhos do homem, pela confraternização de todas as raças e de todas as classes. A guerra cessará entre as nações, e pela vontade do Supremo Arquiteto do Universo, a MAIOR PAZ virá; o mundo e todos viverão como verdadeiros irmãos!

A todos os IIr.·., espalhados na superfície da Terra, que o Supremo Arquiteto do Universo ilumine e guarde.

Saúde — Força — União

Alfabetos maçônicos

SISTEMA ALEMÃO MODERNO

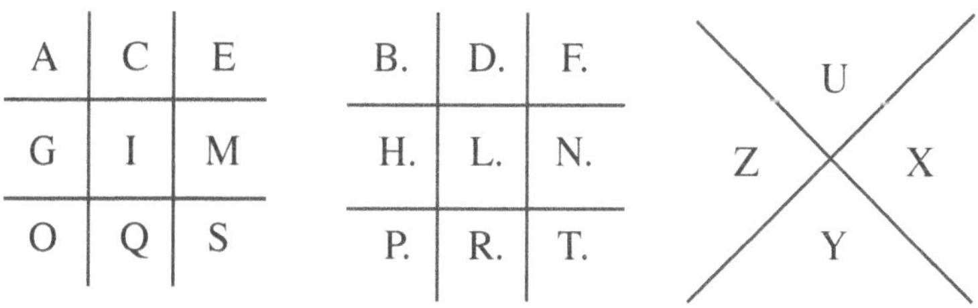

SISTEMA INGLÊS MODERNO
(Usado no Brasil)

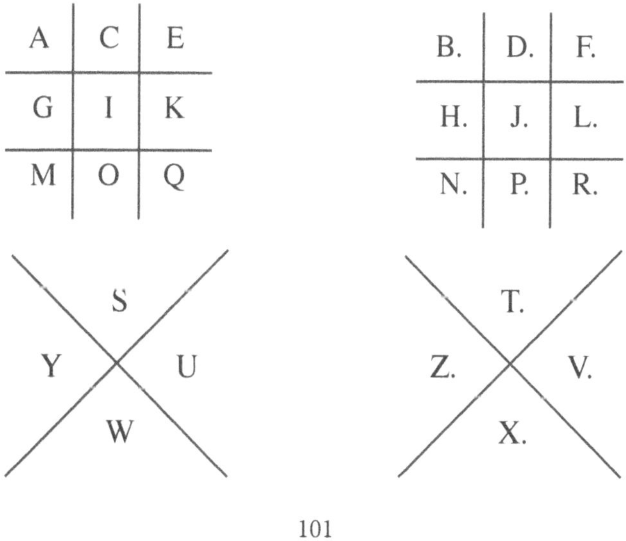

Posfácio — *A simbólica maçônica*

Jules Boucher

Considerado um clássico da literatura maçônica, esta obra de Jules Boucher mostra que a Franco-Maçonaria é uma sociedade iniciática cujo objetivo consiste, unicamente, em ajudar o homem e em dar-lhe acesso à iniciação, ao conhecimento, de que, mais do que nunca, ele tem necessidade para continuar a edificação de seu Templo interior — isto é, para descobrir o seu "Eu" oculto — e para continuar a edificação de seu Templo exterior — isto é, para preparar o advento de uma sociedade mais humana e mais esclarecida.

O autor, maçom exemplar, colaborador de várias revistas maçônicas e autor de importantes obras sobre as ciências secretas, defende a opinião de que os tão propalados segredos da Maçonaria devem ser partilhados com os profanos. Segundo ele, com esse conhecimento, a Maçonaria passará a ser encarada em sua verdadeira essência: a de uma associação que conserva bem vivas certas formas tradicionais de ensinamentos secretos iniciáticos e que se baseia num único princípio, o de completa tolerância em relação a todas as correntes religiosas e políticas existentes, por se situar acima e fora das rivalidades que as opõem entre si.